本书系国家社会科学基金“十二五”规划2014年底教育学青年课题：

“社会主义语境下的道德虚构设计与实践研究”（课题批准号CEA140169）研究成果

阐述道德虚构成因　实践道德典范教育

养善之法

道德虚构与道德教育

赵国栋 著

九州出版社 JIUZHOUPRESS | 全国百佳图书出版单位

图书在版编目（CIP）数据

养善之法 ：道德虚构与道德教育 / 赵国栋著. -- 北京 ：九州出版社，2019.12
ISBN 978-7-5108-8975-2

Ⅰ. ①养… Ⅱ. ①赵… Ⅲ. ①品德教育－研究－中国 Ⅳ. ①D648

中国版本图书馆CIP数据核字(2020)第018841号

养善之法：道德虚构与道德教育

作　　者	赵国栋　著
出版发行	九州出版社
地　　址	北京市西城区阜外大街甲35号（100037）
发行电话	（010）68992190/3/5/6
网　　址	www.jiuzhoupress.com
电子信箱	jiuzhou@jiuzhoupress.com
印　　刷	北京九州迅驰传媒文化有限公司
开　　本	720毫米×1020毫米　16开
印　　张	11
字　　数	200千字
版　　次	2020年10月第1版
印　　次	2020年10月第1次印刷
书　　号	ISBN 978-7-5108-8975-2
定　　价	58.00元

目　录

绪　论

一、被拆除的“脚手架”

虚构被称为“脚手架”，而且是被拆除的“脚手架”。从我们的日常经验就可以得出显而易见的结论：无论怎样的“脚手架”，其功能都是为了保证各施工过程顺利进行而搭设的工作平台，时至今日，虽然建筑技术不断发展，却依然难以被替代。而从它基本的使用方法而言，无非是在建筑前装配、建筑后拆除而已，与虚构又有什么关系呢？将虚构比作被拆除的“脚手架”，又有何用意呢？事实上，我们辨别清晰虚构与实在、道德虚无主义与道德虚构主义、道德教育的时代遭遇等之间的关系，就能发现虚构不过是叙事的话语方式。就像我们沉浸在金庸先生的武侠情节中，是否还有人计较武侠世界的真假呢？因为它是指向善，同时让人们拥有不真切却充满情感的体验。

正如卡西尔指出，神话等并不是按照逻辑的思维方式来看待事物的，而是有其独特的“神话思维”方式，卡西尔称之为：隐喻思维（metaphorical thinking），[①]这种思维同样具有形成概念的功能，只是与逻辑思维靠抽象的方法形成抽象概念不同，而是遵循“部分代全体的原则”，从而形成“具体概念”，这是人类最原初和最基本的思维方式，是先于逻辑的东西，甚至为后来的语言逻辑奠定了一定的基础。

虚构是臆造和写实的结合

——伍德（Wood）

① ［德］恩斯特·卡西尔．语言与神话 [M]. 于晓等译，北京：生活·读书·新知三联书店，1988.13.

（一）虚构与实在

提到虚构，人们通常想到的或许就是：本故事纯属虚构，如有雷同，纯属巧合！并由此联想到小说、影视剧等虚构的产物。总之，虚构与实在应当是对立的，也许甚至会牵扯到虚构意味着虚假。从调查和访谈的结果来看：大部分教师、大学生对于虚构的根本含义不甚了解，有的人意识到虚构与虚假存在不同，但是到底怎样不同，并没有确切的认识。比较有代表性的理解如：

虚构就是用一些手段构造一个现实中不存在的东西

虚构大多都是依靠想象而实现的，也是不真实的，是虚幻的存在

虚构的主观性强、人为操纵

虚构是指没有来源、没有依据的、凭空捏造的某些事物

虚构可能存在于人的意识

构建现实中不具体存在的主观或客观的事物、理念等

虚构是与现实对应的一种存在，是不真实的、臆测的

虚构在实践中无法检验其真理性

虚构是个人主观的体现，是人根据自己的历史经验在大脑中想象的、非实体的东西

……

从虚构的相关研究来看，虚构的种类[①]的确不止于此，至少存在几种情形：虚构对象是真实而非存在（nonexistent）的；虚构对象是真实而非现实的；虚构对象是真实而非具体的。一个简单的事例可以理清楚这三个概念中的头绪，比如神话，神话在产生的时候并不是神话故事，而是一开始被当作事实而提出和接受，无论出于怎样的目的或认知局限，它们的确是被人们接受而得以传播和流传，最后演变成为我们今天所言说的神话故事，从文化的延续、民族的文明等意义的角度而被人所推崇。

我们习惯于将事实和虚构相区分，但这并不容易，我们可以说出他们各自的

① ［美］R.M. 塞恩斯伯里著 . 虚构与虚构主义 [M]. 北京 : 华夏出版社 ,2015.24.

特征，却难以用质或属的方式定义其根本。或者说将虚构不被当作事实，虚构不是作为事实的方式被表征，事实绝非虚构的辩证不足以打消人们的疑虑。比如一张过期的课表可能会传达错误的信息，它不是事实，但是它也绝不是虚构。写实的影视剧作品包含了确凿无疑的事实，而作者也期望读者将它当作真实的。在这样和类似的情况中，作者通常习惯于运用真实的内容而且读者也能意识到他们应当将其作为真实的来看待的事情，作品显得更为“地道”（local color）。

奥桑尼斯提出：一些想象的东西，我们知道它是虚假的，但感觉上它是真实的，我们能否对这些东西产生真正的情感呢？[①]做一个细致的观察就能发现，现实情感是事实在先，情感在后，虚构情感恰恰相反，因此，改变或者消除现实的情感，可以通过消除或者改变事实原因的方法，而改变或者消除虚构情感，改变虚构的事实或者文本是唯一的方法。然而现实的问题是我们有时很难确认面对的是一个虚构文本还是一个纪实文本，更难确认我们面对的纪实类文本说的是不是事实，这涉及现代性的问题，在书的后面会有提及。

通常意义上，人们对虚构有两个理解：一种观念认为虚构（Fiction）即凭空幻想，即虚无，是艺术中想象的产物，不存在于物理空间。如：“作家在创作过程中，依据生活逻辑，透过想象和撮合，创造出现实生活中不存在，但又合情合理的事物。”[②]历史真实和事实真实的关系是文学创作中的关键问题，这也是后人们对历史和文学的意见分歧，历史真实常常被人计较，因为历史真实看似更加真实，似乎存在可以验证的真实可能，但是这显然是不可能的，虽然历史真实能够依傍丰富的“历史史实”和历史遗留物，但是“历史史实”源自存在过的人和发生过的事，相对于时间的线索，又如何确证其真与虚呢？虽然一再强调其创作的真实性，却无法掩盖其虚构的成分。

另一种观点则认为虚构就是凭空捏造、无中生有，其含义常常也被等同于虚假，或者说虚构常常被理解为是恶的。如晋葛洪《抱朴子·擢才》：“高誉美行，抑而不扬；虚构之谤，先形生影。”《魏书·杨侃传》：“邃好小黠，今集兵遣移，虚构是言，得无有别图也？”《辞海》中关于虚构的定义是：“凭想象编造。文艺创作的一种艺术手法。指作家创作时在掌握生活素材的基础上进行综合加工，塑造出典

① ［美］尼古拉斯·杰克逊·奥桑尼斯．营销中的情感力量[M]．池娟等译．北京：中国金融出版社，2004.55.

② 维基百科．

型的艺术形象。”虚构和虚假两个概念，简单地说，虚构与纪实相对，是关于叙述文本的框架判断；虚假与真实相对，是关于叙述文本的逻辑判断。[①] 可见，在我国，虚构通常被视作贬义或者说非褒义的词语，而在文学艺术创作中，虚构一词则是中性的，并未带有某种感情色彩。再对虚构（Fiction）的外文词源考察，我们发现 Fiction 是从拉丁语中“fictio”转化而来的一个词，其本来的意思是赋予某种东西以形状、意义，虚构是其引申义，意味着一种想象。本研究鉴于虚构主义哲学对于虚构的理解，采用了“赋予某种东西以形状、意义”这一概念，从这一角度理解虚构主义和道德虚构，能够更清楚地理解其内涵。

虚构与实在论发生了一次冲撞，假设可能世界是真实的，在实在论看来，只有这样的假设，虚构才能与实在发生关系。大卫·路易斯曾这样论证：我相信事物本来可以有无数种变化；经过转述之后的信念，我仍然相信；如果按照那些转述的字面意思来理解，那么我相信存在着可以被称为“事物本来可能存在的方式”。我倾向于称其为“可能世界”。他将真实和现实做了严格的区分，认为可能世界是真实的世界，真实性的范围更广，而现实则是狭窄的概念。可能世界是真实的世界，真实的可能情形在可能世界被现实化了，而且很多可能世界知识我们自己不把它作为现实而看待。而迈依的抽象论则拒斥了这样的看法，迈侬坚持虚构必须源于现实而来。

在西方，虚构最早仅仅局限于艺术创作领域，指基于想象而创作的艺术作品。直到边沁才扭转了这一局面。边沁从法律概念入手，将虚构延伸至了法律、语言甚至日常生活方面，成为现代虚构主义的先声。边沁认为，为了维持正常运转，法律不得不虚构一些现实中并不存在的实体作为自身成立的前提条件，比如法人概念，它把组织视为活人，把本身属于活人的责任属性强加给它，如让国家为战争负责，公司为经营负责；比如社会契约概念，没有人签署过任何契约，但我们却把服从法律的个人看作契约下的责任人。这些虚构性实体让人不知其虚构地作为工具使用，并产生一系列的“真实”效果。随后边沁从法律推展到生活，他发现人们的现实经验包含了虚构逻辑，而这种虚构不同于要被破除的幻觉，它必须当作有意义的命题接受下来。人一张口就必须使用虚构性实体，比如水流，只有水和流动的水，流并不拥有实体性现实。因此，为了达成话语的目的，人们必须

---

① 谭光辉 . 纪实、真实、事实的管辖范围及其与伴随文本的关系 [J]. 国际新闻界 ,2015(11).

无意识地将许多不存在的事物说成是现实存在。[①]

到了 20 世纪 80 年代，虚构概念延伸至了数学哲学、语言哲学、道德哲学、模态理论以及真理理论之中，出现了“虚构主义”的哲学思潮。虚构主义悬置了存在问题及真理问题，只关注“经验足够性”，即只要理论能够很好地解释和预测那些我们可以观察到的经验世界中的现象规则，那我们就可以继续研究和接受这些理论。范·弗拉森还称这些理论具有非真理性的“美德”。塞尔勒称虚构是一种“不严肃”的话语形式，一种无法证实的说法，一种不负任何责任的非表现性行为。[②] 可见，同意或接受 (acceptance) 是虚构主义的关键范畴，同意是指一种承诺，觉其有用，承诺不与抛弃，同意与信念相反，信念意味着可知论，而同意则可以是不可信的东西。[③]

> 狼或黑猩猩等动物，都活在一种双重现实之中：一方面很熟悉外在的各种客观实体，比如树木、岩石和河流；另一方面，也清楚自己内在的主观体验，比如恐惧、喜悦和欲望。而智人则活在一种三重现实之中。除了树木、河流、恐惧和欲望，智人的世界还有各种关于金钱、神、国家和公司的虚构故事。历史逐渐展开，神、国家和公司的影响不断增长，而河流、恐惧和欲望则被弱化。世界上还是有河流，人类已然被恐惧和欲望驱使，但是耶稣基督、法兰西共和国、苹果公司都学会了如何建立起水坝将河流据为已有，以及如何控制我们最深切的焦虑和渴望。[④]

2017 年，以色列作家尤瓦尔·赫拉利《未来简史》等三部著作风靡全球，它以独特的方式将历史和未来呈现在读者面前，激起人们以看世界的新方式思考。其间，他提出一个有意思的观点：智人为世界赋予意义。我们从哲学的发展史已然看出，存在与意识的关系始终分歧不断，于是，诞生了宗教、诞生了意识形态、诞生了人类的种种信仰。文字的出现更催生了虚构实体的逐渐壮大，也让人类习

① 陈剑．“虚构之现实”及其突破——齐泽克的意识形态批判．理论界，2016(10):21-28

② [法] 帕维斯．戏剧艺术辞典．上海：上海书店出版社，2014:22.

③ 高新民，张卫国．虚构，科学与真理——虚构主义关于虚构话语的“新思维”．江海学刊，2011(02):52-59+238

④ [以色列] 尤瓦尔·赫拉利．未来简史 [M]. 林俊宏译．北京：中信出版社，2017.137.

惯了通过抽象符号的调节来体验现实，[①] 更容易相信虚构实体的存在真实性。

（二）道德虚无与道德虚构主义

语言学的兴起实质上为虚构主义提供了其他理论得以建构的温床，比如胡成恩在分析边沁的功利主义——最大幸福原则时，认为边沁的理论实质上与传统伦理学的实在论基础发生了决裂，“幸福和善是人类基于语言所进行的一种必要的虚构”。[②] 在西方传统伦理学的形而上学基础遭受批判和否定的同时，传统伦理学中关于“道德实在”[③] 的认识也被予以严厉的批判和否定。而后，人们逐渐意识到情感主义和语言学似乎能够解释即使“道德不实在”的困难，道德虚构主义即在此基础上出现和发展开来。

1. 道德虚无主义

“法国学者保罗·富尔基埃把一部西方哲学史描写为‘本质主义哲学’与‘实存主义哲学’两大路线。”[④] 近代的认识论发生了巨大的转向，科学主义和实证主义事实上成为认识论的基础，因而，西方传统伦理学认定的道德本体论遭到了严重质疑——美德可教遭遇到现代认识论的否定。由此出现了分歧，道德虚无主义完全认可了现代认识论的主张，科学主义和实证主义的崇拜是他们否定道德价值的主要依据。

理性的崛起，基于伦理的认识论发展主要出现了三种截然不同甚至尖锐对立的观念，边沁在其《道德与立法原理引论》中构建了自己的伦理学基础，他拒斥了传统伦理学超验经验知识可以获得的可能性，认为语言是人类认识自我和世界的唯一方式，“在人的心灵所具有的若干可辨识的官能中，除了感觉之外，几乎没有任何官能不涉及语言的习惯性运用，离开了语言，任何官能都不可能以任何程度或产生任何有益的方式来行使”。[⑤] 他从根本上颠覆了传统伦理学从道德实在来引导人们道德的思路，而从主体的角度——现代性的启迪，阐释道德与人和外部

---

① ［以色列］尤瓦尔·赫拉利．未来简史 [M]. 林俊宏译．北京：中信出版社 ,2017.144.

② 胡成恩．虚构的幸福与善好的功能——拉康对边沁功用主义伦理学的另类解读 [J]. 道德与文明 ,2018.06.110-117.

③ Jacques Lacan,L’éthique de la Psychanalyse,seuil,1986,p.86.

④ 孙周兴．本质与实存——西方形而上学的实存哲学路线 [J]. 中国社会科学 ,2004.06.71-205.

⑤ Jeremy Bentham,The Works of Jeremy Bentham,ed.J.Bowring,Edinburgh William Tait,1938-1843,11 vols,p.298.

世界的关系。而在康德看来，既然像亚里士多德和基督教的传统伦理学主张的实在或真实已然发生断裂，而边沁的经验主义方式也无法确定“善的自在”，康德认为只有从“形式的层面，将善好设想为我们意志的普遍形式”。[①] 在近代，“实存”概念的主体化作为新旧形而上学变更的重要体现，康德在“纯批”中讨论笛卡尔上帝此在—实在中发现：“存在显然不是一个实在的谓词，就是说，它是关于某个东西的概念，能够加在一个事物的概念上，它只是对于一个事物或者对于某些自在的规定本身的断定。”[②]“臭名昭著的”萨德侯爵（The Marquis de Sade）在其《卧房里的哲学》一书中说道：“上帝是傻瓜创造的。”作为最疯狂的启蒙运动支持者，他将自由和理性推广到了极限，如果说传统的道德观念是反对理性的，那么自由和理性的神圣性必然能解决或者替代传统观念，离经叛道的言说也必然能够经得住新的逻辑的拷问，事实上，我们看到了萨德对启蒙运动理性崇拜的担忧。

按照对待道德本体（尤其是传统道德本体论）的态度，古今各派的道德思想家们在面对社会危机或者道德危机时对于道德功能的探讨基本上可以分为两种态度：一种就是道德虚无主义者（彻底的反传统者），从“社会上尔虞我诈、弱肉强食、一切人反对一切人的战争的事实中，推论出人与人的关系应该或只能是背信弃义、以强凌弱、相互敌视的冲突，而不可能或不应该建立人人平等的道德秩序，从而得出道德无用或取消道德的结论，这就是道德虚无主义”。如韩非子的性恶论；马基雅维利的君王伪善说；尼采所谓对于一切价值的“重估”等并没有克服虚无主义，比如他的断言：因果关系是人类语言结构造就的远古神话。[③] 虽然与现代道德虚无的本意不同，但是在反对传统——即前时代的意义核心上本质是一致的。这一流派的思想家们其思想的重要价值在于批判，其深刻的反思能够让人们重新评价过去的，如伦理规范、等级、责任等涉及个体权力和解放的道德体。现代道德虚无主义发端于西方现代性出现后的道德危机，道德虚无主义强调道德本体虚无的特性，而将其放大到道德知识的虚无，彻底抛弃了美德可教的认识，或者说根本不去思索超越性道德的价值，而从理性主义、功利主义等现代性视角，只关注公共空间个人道德品质的合规定性。道德虚构主义的兴起，为解释道德教育的

---

① Slavoj Zizek,Tarrying with the Negative:Kant,Hegel,and the critique of ideologe,Duke University Press,1993,p.87.

② Kant,Immanuel,Kritik der reinen Vernunft,Frankfurt a.M.,1974,A598,B626.

③ 郝苑．论尼采的知识批判理论 [J]. 自然辩证法研究 ,2019.02.23-29.

作用和道德本体的虚无特性，以及道德虚构的现实意义提供了一个新的解读视角。

另外一种是道德重建主义、道德改良主义或道德理想主义。他们认可现实世界的道德沦丧、秩序败坏，但是可以通过重建道德理想或者道德秩序，重新发挥道德的价值。批判的本意是为了重建，并非仅仅为了推翻。这一流派的思想家们与政治家的期望总是不谋而合，社会总是需要新的规范秩序，作为拥护者发声也尤为重要，他们能够“感受到改革的不可避免和重建道德的必要性与紧迫性，力挽狂澜，筚路蓝缕，树立一种新价值，造就一种新道德，努力建立一个新秩序。这些人不仅是愤世嫉俗的批判者，而且是道德理想和道德秩序的重建者”。几乎每一个动荡的时代之后，都会存在道德秩序的重建，所以这一流派的思想更容易被政治、人们所接纳，它沟通了传统、现代之间本就无法割裂的联系。

此外，容易混淆的概念还有本体虚无和本体论虚无主义。海德格尔通过对尼采虚无主义思想经验的吸收，将其转换成了自己的本体论虚无主义思想，如海德格尔批判尼采之言：“‘虚无主义’一词失去了其单纯的虚无主义意义；其真意是要将以往种种价值消除、摧毁，指出在者的空虚性和人类历史之绝望。”本体论虚无主义是在虚无主义基础上的发展，是对过去价值的彻底否定。在涉及道德的领域，则是在否定道德本体的基础上，对过去道德体系、道德作用的摧毁。

简而言之，我们对于道德本体虚无并未涉及价值判断，道德本体虚无则并非去讨论道德的价值，而是从科学逻辑主义、本体论的角度肯定道德本体是无实体存在的，这些理论，虽然存在诸多的谬误，但是他们反思的态度，对于我们探讨现实道德问题、道德教育本身具有积极的作用。

2. 道德虚构主义

道德虚构主义 (moral fictionalism) ① 是近几年才被系统地提出并且正逐渐受到重视的一种元伦理学理论，实际上依然是为人们发展、修正和追求善观念的道德能力 ② 追求和辩护。它产生的哲学理论背景主要有两个方面：一是道德非实在论在当代的发展和影响；二是虚构主义作为一种形而上学中的非实在理论在近期的兴起。道德虚构主义的兴起为道德教育研究提供了新的视角，道德虚构主义是介于摩尔的本体论和道德虚无主义（错误理论）的第三条路线，是在实在论和反实在论、认知主义和非认知主义之间采取的一种调和策略。道德虚构主义企图找到一

① Mark Elikalderon, Moral Factionalism, Oxford Clarendon Press,2005.

② 曹钦 . 罗尔斯与社群主义 : 虚构的交锋 [J]. 同济大学学报 (社会科学版),2017.05.82-88+109.

种方式，既能保留道德话题的实在论外观（支持道德本体的虚无），又不必接受本体论的承诺，既要承认道德属性本体的虚无，却要坚持道德话语对于人类生活的实际作用。

第一，道德虚构主义是近年来元伦理学领域一个重要话题。与虚构主义研究的逐渐深入相关，国外把虚构主义作为独立的研究对象首先源自科学基础更强的数学、科学等学科。1980 年，菲尔德（Hartry Field）首先阐述了数学哲学中的虚构主义。2001 年 Richard Joyce 在其著作《道德的神话》中首先系统提出与论证了道德虚构主义。[①] 到目前为止，形成了两种道德虚构主义的认识，Richard·Joyce 和 Daniel·Nolan，[②]Greg Restall 和 Caroline 对于革命的道德虚构主义（RMF）持有不同的观点。Richard Joyce 的观点极具语义学的腔调，他认为我们应该把道德言谈当作是断言性的（道德言谈是关于事实的，有对错的断言），而我们平日的道德言谈中的道德要求却具有“无处可逃性”的特点（康德所说的绝对命令），也就是说不管行动者的欲望与道德要求有多冲突，行动者都有理性的理由根据道德的要求去做，“但是那么在这个世界中有什么古怪的 (queer) 事实有如此的‘魔力’呢? Joyce 接着争辩说，在这个世界中没有这种古怪的事实，因为即使在理想的理性认知状态下，不同的行动者的欲望、利益、经历、人生计划、世界观等等都不会收敛到一起 (convergence)，因此那种普遍的、无条件的、能让所有理性行动者都按道德要求去行动的理由是不存在的。这样我们所有的道德判断就都是错误的，因为它们所依赖的具有‘无处可逃’这种古怪特性的事实在这个世界中根本就不存在。”[③] 但是，由于道德判断往往都是人类在长期的进化过程中逐渐积累起来的一些经验智慧，这些道德准则和要求往往在整体与长期层面对我们的社群中的个人和集体的发展、和谐都是有益的，因此，我们可以把道德言谈当作虚构作品中的言谈等东西一样继续使用并且保留下去。接着卡尔德隆（Mark Elikalderon）于 2005 年出版专著《道德虚构主义》，他认为道德接受是非认知的，具有不可妥协性，我们对于道德判断和道德要求的接受不是一种信念，而是一种非认知的状态。在我们过去和现在的所有活动中我们都一直如同电影中的演戏一般把道德言谈当作虚构的东西在沿用，我们称之为诠释型的虚构主义（hermeneutic factionalism）。

① Richard Joyce, The Myth of Morality, Cambridge. Cambridge University Press,2001

② Daniel.Nolan,Moral Factionalism‘Versus The Rest’, Australia Journal of Philosophy,2005,September

③ 黄益民 . 道德虚构主义 [J]. 社会科学战线 ,2008.8.

第二，国内对于道德虚构主义的研究主要有两篇文章，蒉益民的《道德虚构主义》和张亚月的《道德虚构主义的理论困境与可能前景》。蒉益民在其文章《形而上学中的虚构主义》[①]中将虚构主义的历史与基本特征，以及在语言哲学、模态理论和道德哲学等领域的特征与发展进行了探讨。《道德虚构主义》一文主要是针对道德虚构主义的理论缺陷和主要反对观点，提出一种“集体理性”的方式弥补其缺憾。他认为道德权威缺失的问题，实际上是虚构世界与现实世界的冲突不可协调，道德怀疑论的立场使得“道德的”客观基础发生了动摇。他认为“将卡尔德隆的建议加强改进……在拒绝非事实主义和保留不可妥协性之后……将对我们社群的自然进化和生活实践有不可或缺好处的道德言谈所构成的虚构世界和现实生活混为一体而根本不加分辨。”[②]张亚月的《道德虚构主义的理论困境与可能前景》一文主要是对道德虚构主义理论本身进行了探讨，如理论兴起的基础和原因、理论的规范性特征和缺陷等。[③]他认为道德虚构主义的理论缺陷是无法弥补的，因而缺乏应用的可能性，这与他对于康德伦理学的局限性评价如出一辙。[④]

总的说来，道德虚构主义为伦理学注入了一种有意识、反省的选择性态度，视“人类善为对一定共享目的的追求”。[⑤]如康德所说：“世界的本体是我们所无法认识的，我们只能通过种种虚构方法达成对世界表象的认识。”道德虚构主义作为一种温和的道德态度，对于我们重新认识道德本体以及日常所涉及的道德活动具有积极的作用。

二、什么是道德虚构

道德教育非先验存在的，产生于道德之后，即道德和道德教育既存在逻辑上的顺序，也存在时间上的顺序。道德也是非实体存在的，在我们的现有物理空间无法找到诸如“善”“恶”这样的道德实体，因此，在道德和道德教育之间需要存在一种“媒介”，进而让本体虚无的道德能以某种方式被人所理解和接纳，从某种

---

① 蒉益民．形而上学中的虚构主义 [J]. 世界哲学 ,2007.05.20-26.

② 蒉益民．道德虚构主义 [J]. 社会科学战线 ,2008.8.

③ 张亚月．道德虚构主义的理论困境与可能前景 [J]. 湖南师范大学社会科学学报 ,2008.01.

④ 张亚月．从彼岸世界的回归——论康德伦理学的局限性及其出路 [J]. 湘潭大学学报 (哲学社会科学版),2007.06.

⑤ 应奇．“政治科学”之家园 [J]. 政治思想史 ,2011.02.

意义上说，人们对待“媒介”的态度，决定了道德教育的性质。

中国则选择了与西方不同的做法。基于传统中国道德理念和社会主义道德要求，我们相信：德性生活高于、优越于政治生活。

（一）道德虚构的产生及本质

道德教育活动是一项复杂的个体道德主观化形成过程，需要通过一系列的措施和中介，对个体进行影响和干预。道德虚构就是真实存在于道德本体虚无、道德教育和学习者之间的“媒介”，道德虚构使得虚无的道德本体能够以某种“具体”的态度告诉人们什么是道德的。其目的在于赋予现实的人伦关系和道德关系一种必然性。道德虚构是道德教育所无法避免和逃避的、自古有之的普遍现实。那么，作为历史和现实的道德虚构存在怎样的异同，其方法论基础和价值观念、基本功能、边界与限度是否发生过转换，在现代意义的道德教育中，道德虚构又应该以怎样的形态出现，改革抑或消亡，是本研究渴望呈现的研究域。

1. 道德虚构的产生

翻看世界史，其中存在的虚构成分比比皆是。西方古希腊神话、埃及神话、荷马史诗等，都在用虚构的方式讲述哲理。古代的先哲们就是通过道德虚构这样简单而直观的叙事方式，塑造出一个个鲜活的人物形象和故事情节，将抽象的道德精神具体化、形象化，告诫世人道德的可贵，行善的必要。到了近代（或许更早），西方政治哲学放弃了在国家教育中使用道德虚构，其追求道德卓越和崇高的部分交给了宗教来完成。他们期望通过降低道德目标在人性的低处重新建立起一个有别于德性社会的全新社会，即现代的公民社会体系，使每个现代人在政治社会中都可以获得普遍的正义（道德），将道德事实留给了公共领域，进而完全放弃了道德虚构。即康德所言的：“用形式上的合理性，也即是普遍立法之原则，来检验行为准则之善性而不必要诉诸任何实质内容的考虑。”一切都以人的权力或普遍的公共认可为基准，至少是在公共领域放弃了道德虚构。

（1）道德虚构的来源

道德虚构能够实现古代乃至现代教育家们极为重视的道德教化作用。在古代，统治阶层和教育家都认为只有培养符合国家需要的君子，才能完成治国、平天下的重任，他们认为一个社会如果能进行有效的道德教育，即能促进社会的安定与发展，同时也必能实现政治上的理想，因而，道德教育与政治总是不可分割的一个整体，道德教化的重要性在于其对于社会、国家和政治所产生的巨大推力。毋庸置疑，人是道德动物。每个人自生而始、或多或少的都需要遵守道德，都有道德的需要，从而能够做一个被他人接纳的社会人。道德并非从来有之，诸如道德起源、什么是道德之类的伦理学问题追问，从 19 世纪之后一直是热点和难点，并形成了不同的见解和流派，进而反思为构建和发展现代性的道德规范提供理论支撑。

道德是一个抽象的概念，也是一种社会意识形态，是需要人们在生活中共同遵守的行为准则与规范。从认识论的角度来说，在我们可知的物理空间中无法找到相应的道德本体，因而，一般认为道德本体是不可知的，犹如数学中的数字一样，是人赋予了其现实的含义。人类在表达和思考道德概念的时候，一般通过使用其他认知领域已经确立和完善的具体概念来建构、理解和表达有关道德领域的概念、道德思想。

规范意义上的道德理念是权力意志或者思想家们根据一定的社会需要和阶级需要而制定的。因而，就道德理念来说，是一种抽象性的事物，而为了便于民众理解与传播其价值理念，就需要有一种相应的载体。

首先，探讨道德的本体特征对于还原道德虚构的意义具有非常重要的作用，从认识论的角度来说，道德本体是虚无的，即我们很难在已经了解的物理空间之内，找到相应的道德形态。“本体，也叫终极存在。中国古代哲学称之为形而上者，《易经·系辞》说：‘形而上者谓之道，形而下者谓之器。’这意思是说，形而上者是本体，是最高的存在，是事物存在与发生的根据，所以也叫道。道即普遍的规律。形而下者则是具体感性的事物。”① 因为本体的终极性存在，我们很难从形式逻辑的角度对它进行界定，而只能做本质上的描述，从而导致人们无法客观、具体的去把握它们，更需要抽象的理解，从一定意义上来说，让人们理解和接受玄妙的抽象性概念，其难度是可以想象的，而道德虚构可以弥补这一问题。

其次，有的观念认为，“道德是一个有价的实体，其基础是客体世界的物质属性在人心理上的感受向道德认知域的影射。”② 在此，道德之所以被认作是有价值的实体存在，是因为道德既被当作是规范性概念，而其本身又具有抽象性，人们将好的道德和坏的道德与现实中对于正反面的评价相结合，因此道德也就有了相

① 张题 . 论先秦儒家的道德本体论 [J]. 社会科学家 ,1992(4).

② 吴念阳 , 郝静 . 以道德为本体的概念隐喻 [J]. 上海师范大学学报 (基础教育版),2006.09.

应的隐喻性质的特性。这样的理解方式遮蔽了道德本体的特征以及其意义，仅仅将道德作为一种规范性的外在。

康德曾说："世界上无论什么时候都要有形而上学，不仅如此，每人，尤其是每个善于思考的人，都要有形而上学。"[①] 通过对道德本体特征的思考，能让我们进一步的理解道德的社会存在特质和意义。进而为审视道德教育的价值和方式提供参照。

道德虚构形象化了抽象的道德理念。我们知道，自从有人类的历史记载以来，人与人之间的差异性逐渐被认可，甚至也被作为多样性来研究，因而，人们先天的认知能力、学习能力，乃至后天接受教育的多寡不尽相同。然而，道德教育需要面对的是所有的人群，并非所有人都能够接受抽象的道德理念，因而，道德教育的权力意志需要解决"教而知之者"接受教育的问题，道德虚构的雏形便形成了。

在早期，如同教育与道德教育一样，道德虚构也并未被严格的区分出来，甚至道德虚构被当作了威慑、恫吓的工具，通过这样的方式，让族群的人达到思想和行为的尽可能一致，进而保全族群，抵御外辱。我们发现，在现代，道德虚构仍然会被这样使用。当国家产生之后，维护权力意志的利益成为了统治者最为关心的问题，如何让臣民拥护，使自己的江山得以保全，后世子孙依旧能够占有权力，是他们所面对的重要挑战。于是诸如"三纲五常""君权神授"等理念被提出之后，道德虚构又担当起了为政治权力服务的作用。

（2）道德虚构产生的历史阶段

从上文探讨的道德教育的来源可以知道，道德教育非先验的、固有产物，有其特殊的发展脉络。原初的道德教育是以目的、结果为取向的简单形态，人们接受道德的缘由仅仅为了获得同等生存的机会，是被动的无意识道德认知状态。尼采认为在这个时期，"一个行为的价值或非价值被其后果中推导出来，在这时，行为本身和它的来源都不被加以考虑"，[②] 称之为较狭窄意义上的道德时期。

随着人类文明的发展、私有意识和国家的出现，道德与权力实现了"成功联姻"，权力所有者开始定义善恶、定义道德，道德虚构便产生了。尼采、福柯和齐格蒙·鲍曼都认为，在道德定义之前，人们的行为本身是没有善恶之分的，是权

---

① ［德］康德．未来形而上学基础 [M]. 北京：商务印书馆，1978.163.

② ［德］尼采著．论道德的谱系·善恶之彼岸 [M]. 谢地坤等译．桂林：漓江出版社，2000.36.

力（定义道德的权力所有者）将自己的行为，或者将某些符合自己（国家、宗族、权力等）利益的行为称之为道德，并且通过一系列措施构建以已定道德为主的道德体系和道德教育体系，成为维护权力的重要手段。正如福柯所讲，从道德的主观化形式来看道德主体形成的历史是“社会在确定和发展与自我的关系、反省、自我认识、自我检查、自我理解、将自我视为客体、进行自我改造等方面树立起来的模式的历史。”① 包括在我们的现实生活中，道德的标准与内容往往脱离不了权力的掌控，王海明教授指出：“道德都是人制定的。但是只有恶劣的道德才是可以随意制定的”。②

（3）中西方产生的两种不同的道德虚构类型

虚构是人类古代文明的一大特色，中国神话、希腊神话、荷马史诗等都体现着人类典范虚构的特征。翻开中西方的史书，我们总能够找到关于先祖们的各种记录，这就是人类最初的道德虚构，将已经发生的历史，按照权力的意愿和价值判断来杜撰对于自己有意义的事物。唐代兴认为人类是“按照自己虚构（设计）的道德典范形象创造了人性的自己。”③ 道德虚构的作用就是使人脱离蒙昧和野性，成为真正意义上的人。

根据资料记载中的成人礼方式，虽然因中西方的文明差异有很大差别但是都有一个共同的特征，接受成人礼的个体一般都要“经历各种严酷的锻炼和考验，如在身上切痕、毁门齿、毒打、薅发、火熏、以污秽涂身，将少年置于蚁穴上任其叮咬，用绳子贯穿少年的脊皮，绑上大木棒。”④ 任钟印认为：“成人礼不只是对少年是否具备成为社会正式成员的条件所进行的一种检验、考核、鉴定，而是对未成熟少年进行的有计划的集中、系统、严格的训练。成人礼不只是一种仪式，而是一个预定的教育过程。这种教育过程包括身体锻炼，道德规范教育，意志性格训练和传统教育。”⑤ 看似残暴无情的成人礼，在当时人们心中却有着无比重要的地位，勇敢被认为是最崇高的德性，假如不接受成人礼或者在成人礼中丧生、怯懦，都会被当作耻辱，甚至被族群和家庭抛弃。多数文明早期的领袖，都是各种战争中的胜利者，勇敢就意味着生存权力的拥有、对权力的占有等等，因此，先

① [法] 福柯著 . 性经验史 [M]. 佘碧平译 , 上海 : 上海人民出版社 ,2000.139.140.
② 王海明 . 新伦理学 [M]. 商务印书馆 ,2001. 题记 .
③ 唐代兴、左益 . 先秦思想札记 [M]. 成都 : 四川出版集团巴蜀书社 ,2009.20.
④ 滕大春 . 外国教育通史第一卷 [M]. 济南 : 山东教育出版社 ,1995.10.
⑤ 同上 .

民们都会人为制造残暴来追逐勇敢。自己的耳濡目染，他人的言传身教和以身说法，构成了个体选择勇敢作为德性的理由，教育在其中发挥了重要的作用。

在人类漫长的发展历史进程中，西方社会和中国形成了不同的发展意识，产生了不同的发展状态，中西方是两种不同类型的道德虚构，由于道德虚构体系构建与发展的不同，其直接的表现就是西方和中国对于道德的定义的不同，进而我们作为后代子孙的行为表现出巨大的差异。

进入现代以后，中西方的文化差异性表现得越来越突出。这与我们的祖先们有着密切的关联。

（4）道德虚构产生的意义

中西方道德教育的假设之起源是相似的，具有同样的价值认识。“道德典范虚构，是人类古代文明的一大特色。荷马史诗、希腊神话，都体现了道德典范虚构特征。道德典范虚构是指通过虚构的方法而塑造道德英雄，使其成为人间现世道德生活的榜样和后世道德行动的楷模。比如，普罗米修斯、耶稣、释迦牟尼等人物，在最终意义上都是道德虚构的典范形象。唯有通过虚构的道德英雄，我们才可获得生存跋涉的方向，才能拥有生活行动的目标，才可具备自我人性塑造的蓝本。《圣经》讲，上帝耶和华在创世的最后一天，按照自己的肖像创造了人。如果说上帝塑造了形体上的人，那么，人则按照自己虚构（设计）的道德规范形象创造了人性的自己。简单的讲，道德典范虚构之目的，就是使人成为人。”[①] 先人们将其所认为的诸如善、恶之类的道德观念，通过道德虚构的方式，对民众施加道德影响，并且期望他们通过不断的努力，达到道德虚构的境界。

当历史步入现代，中西方的不同国家选择了不同的政治理念，对于道德教育来说，不同的政治理念意味着道德哲学与政治的关系的异同，西方接受了马基雅维的道德理念，“把古老的哲学的隐微术公布于众，怯除了城邦生活所必需的高贵的幻象与神话，”西方重新构建了一个以权利和义务为主的政治化取向的公民教育体系，即现代性的权力置换德性概念。因此，现代西方已经只能提出怎样的道德品质属于公民社会的必须，诸如诚信和彼此尊重之类的个体道德品质是以个体间权力为核心和个体间互相的普遍承认作为前提，而像古典德性中所提及的美德和崇高则被西方所遗弃。

---

① 唐代兴、左益 . 先秦思想札记 [M]. 成都 : 四川出版集团巴蜀书社 ,2009.20.

中国与西方选择了不同的道德教育假设，即我们认为美德是可教的，西方的现代思想家将道德从高处向低处转移，完全抛弃了道德虚构，而我们则是通过在公共领域建立起了道德虚构，并将其作为道德教育的重要内容和重要目标。这一切只是道德教育理念的不同。但是，随着现代性的来临，人们对于其产生了越来越多的质疑，道德虚构遭遇到了前所未有的困境，即道德虚构依然承担着我们道德教育的重要功能，然而由于道德环境的改变，以及不同意识形态的沟通和西方公民社会的种种表象，道德虚构同样呈现出维护其道德教育功能的困难性与复杂性。因此，如何怯除其不合时代之因素，重新反思道德虚构的有效性限度，是现代道德教育研究不得不面临的深层问题。

道德虚构是必然产物。福柯认为从道德性的历史发展渊源探讨道德发展时期，是“一定个体或集团的行为与不同机构规定于它们的规则和道德价值的符合程度”。[①] 权力规定的诸如善、恶等的道德性只是一种形态，即意识形态化的善、恶观念，但是，对于一般人来说，意识形态所表征的事物和价值态度，则更多是虚无缥缈、难以捉摸的东西。正如在我们的现实学校教育中或者家庭教育中，在幼儿时期，一般通过培养其基本的行为规范和好恶判断为主，到意识形态的教育则需要到大学甚至更高的阶段去实施。道德教育也是这样，对于初民来说，理解意识形态的思想远远不如形象化、具体化的模型更为有效。

一般意义上认为，道德虚构是指通过虚构的方式而塑造道德英雄，使其成为现世道德生活和后世道德行动的榜样和楷模，类似于我们现在说的道德榜样、道德模范。笔者认为这样的认识有着很大的局限性，与我们所真实感受的道德虚构是不吻合的。首先，从道德虚构的价值来说，道德虚构使权力所有者的道德观念获得了能够传播和发展的载体，并且奠定了人们个体发展的价值取向；其次，从道德虚构的方法来说，道德虚构不只是一种虚构道德英雄的方法，而且包含将抽象道德概念具体化、具体的道德人虚构为道德楷模的作用；从道德虚构的历史来说，最初的道德虚构采用道德典范虚构的方式，是一种神话式、超能力的虚构，为了达到目的，没有边界和阈限，而现代的虚构则是复杂同时贴近个体生活世界的实在性虚构，具备起码的边界和阈限。

---

① ［法］福柯著 . 性经验史 [M]. 佘碧平译 . 上海 : 上海人民出版社 ,2000. 序言 .

总之，“生活是道德存在的根据”，[①] 道德内在于生活，只要有道德和道德教育，或者说人们对于道德的理解依旧是一种精神归属和价值追求，便离不开道德虚构。道德非法律法规，可以用条例、对错等直观方式，命令和规诫人们的行为。“道德是一种目的行为，它所指向的是生活的展开与提升，是更为合理的生活方式、更为完美的生命实践。”[②]“道德是意义世界中的一员，它内在于生活……它必然趋向于一种自觉的意义探寻，这种意义的探寻和主体在生活中与不断生成的生存需求、自我超越相互关联。”[③] 因此，通过道德虚构的方式，人们就可以直观的感受到道德的力量和作用，指明人们生存以及发展的方向，定义生活行动的目标，进而具备个体自我人性塑造的能力。

（5）道德虚构在历史上的普遍性界限

道德虚构具有普遍性的界限，道德虚构的界限与人类的认知发展水平和人类对自然的认识程度有关。总的说来，历史上的道德虚构的界限可以理解为上限和下限两个角度。所谓上限是指道德虚构的度，即道德虚构不能超越的限度；下限是指道德虚构成立的最低要求，否则就不能成为道德虚构。

在历史上的道德虚构初期，由于人们对于自然界的认知有限，所以这个阶段的道德虚构几乎是没有上限的，虚构的主要对象是自然界的一些如太阳、月亮等，他们无法解读的自然物，以及伏羲、黄帝、炎帝、尧、舜、禹等上古时代的帝王、部落酋长，还有生存群体的领导者等。所以我们现在看到的关于他们的历史记载几乎是一样的，无论从出生、成长，直到死亡（几乎都寿命很长），所作所为所行都能代表至高无上的德者和智者，同时其能力也是上知天文下知地理，能够知晓和洞悉人世间的一切，因此，我们可以认为，在这个时期的道德虚构是没有上限的，为了尽可能树立道德典范的道德形象，并没有考虑虚构与虚假的问题，“他们的治世之功是完全建立在他们的德性和德行基础上的”。[④] 但是，这个时期的道德虚构却有着统一的道德虚构下限，即所有的道德虚构典范形象都有着同一的价值取向，从而保证道德价值观的绝对性权威和道德教育功能的最大化。具体来说，

---

① 鲁洁 . 生活 · 道德 · 道德教育 . 载于高德胜主编 . 道德教育评论 2012——生活德育论的反思与展望 [M]. 北京 : 教育科学出版社 ,2013.59.

② 鲁洁 . 生活 · 道德 · 道德教育 . 载于高德胜主编 . 道德教育评论 2012——生活德育论的反思与展望 [M]. 北京 : 教育科学出版社 ,2013.60.

③ 同上 .

④ 唐代兴 , 左益 . 先秦思想札记 [M]. 成都 : 四川出版集团巴蜀书社 ,2009.28.

对于不同道德典范的虚构，虽然有不同的道德内容和表现，但是这些不同内容和形式背后都体现着统一的价值，并且体现着整个道德体系的根本价值准则、价值目标和价值方向，这种同一的价值内容就是——道统，也是伦理政治化或者说政治伦理化了的中国伦理文化之道，道统的确立奠定了中华文化和中华道德体系的核心价值蓝图，生成了中华文明发展和传承的根本思维模式。

而后，随着人们认知水平的发展和文化的繁荣，道统虽然还占据着最重要的道德价值准则和方向，但是随着儒家、道家、法家等先秦诸子百家理论学说体系的出现，政统和道统开始出现了分离，无上限的道德虚构已经难以起到原来的道德教育作用，道德虚构的上限开始下移，先秦诸子百家为了实现自己的政治抱负，(笔者认为孔子虽不得政位，但是却“继往圣，开来学”，他是儒家道统观念在士子、士大夫们承袭道统的源头。）开始围绕道统这一不变主题，构建自己的道德体系，阐述自己的道德价值取向，[①] 在这个时期道德虚构的层次性逐渐体现出来，对于不同文化层次的人群都能起到道德教育的作用。其中，道德虚构的下限依然没有本质的变化，其根本的作用还是在于维护道统的合法性和合理性，但是，道德虚构的对象发生了一定的分化，不再局限于君王和辅政者，而开始转向兼顾关注不同文化层次的道德理解水平人群。如一部分道德虚构所遵循的道德价值取向虽然不再明显的具有权力指向，而是变为如三纲五常等伦理取向，但是其本质的价值根源依然是以维护道统为核心的思想。在这个时期，道德虚构的上限有很大的变化，在维护原先对于上古时代“先王之道”的王道主义为核心的道德价值取向的基础上，道德虚构的对象逐渐“人”化，作为王道传承者的君王也不再是神的化身，而是天道在人世间的代表，但是，他们具备的道德品质却是神圣不容怀疑、不可侵犯的，所以，这个时期的道德虚构的上限体现的是以天道为依据，民道为手段的方式。

2. 道德虚构的本质

所谓本质，首先是指事物自身的根本性质，能够区别于其他事物的主要特性，是能够反映事物自身包含的特殊矛盾的范畴，同时也对该事物的存在与发展起着

---

① 通常我们所说儒家道统之源头，是尧、舜、禹、文、武、周公，唐代大儒韩愈在《原道》中讲道：“尧以是传之舜，舜以是传之禹，禹以是传之汤，汤以是传之文、武、周公，文、武、周公以是传之孔子，孔子以是传之孟轲，轲之死，不得其传焉。”也就是说，自孔子开始，上古与先秦政统和道统的合体开始分离。如此看来，上古和先秦的君主和辅政大臣们所创造和维护的道统同样也是其他先秦学说的道统之源和传承之源，因为，无论哪个学说都没有否认，中国文化道统之源应该追溯到尧舜之前。

决定性的因素。理解道德虚构的本质，应该从两个角度进行分析，第一是从权力归属角度的思考，即道德虚构作为控制手段；第二是从主体发展的角度思考，即对主体自由性的限制。

（1）本质之一是控制。在《说文解字》中，控被解释为“引也”，即驾驭；制，则被解释为“裁也”，即限定、约束的意思。《辞海》中解释控制指：“掌握住不使任意活动或越出范围；使……处于自己的占有、管理或影响之下”。[①] 在我们日常的理解中，控制通常有二解，一是指压制和压迫，是与被控制者相对立的观念，含有否定和贬义的意味；二是指管理中的一种手段，是组织者按照预设目标和要求，能够从容地支配、掌握和调节活动的进行，对于事态发展的整体把握，并且及时发现问题、采取措施纠正错误，确保目标达成的一种方式，是社会统治和管理的必须手段之一。综合以上理解，笔者认为控制应该是能够掌握对象的活动范围，能够按照控制者的意愿活动并且不超出限定范围，并且被控制者或被控制事物、事态在遇到外界的力量、诱惑、阻力的时候，能够承受甚至反抗与控制者相左的做法。

根据以上对于控制的理解，以及从道德虚构的权力归属来说，道德虚构的本质是控制。首先，道德虚构是一种单向度的规训教育，个体被道德定义者勾画的道德标准不断的灌输此种道德价值的合理性和道德性，其目的在于个体变得更加顺从，道德榜样是道德虚构的衍生物之一，王俏华认为“我国古代的榜样教育具有‘自上而下’的特点，统治者负责‘立榜’。平民百姓负责‘学样’。现代榜样教育依然是‘自上而下’为主，政府组织、领导者、教育者树立榜样形象，受教育者只要对其进行模仿就行”。[②] 管子讲“有生法，有守法，有法于法。夫生法者，君也；守法者，臣也；法于法者，民也。”[③] 因此，道德虚构是单向度的，旨在让道德者接受与信奉的规训教育；其次，道德虚构是一种他律性的情感使用，表面上看来，道德虚构只是言他人之行、诉他人之事，脱离了粗暴与强硬的强制性规定，似乎提供给了个体精神的自由和一定的选择机会，然而，其实质却是在刺激人们的情感，通过营造情感产生的气氛，让个体获得感官上的愉悦和快乐，进而让情感上的认同不知不觉成为个体自己的道德要求；道德虚构还是一种典型的教化方

① 《辞海》.

② 王俏华 . 论我国榜样教育中的道德问题 [D]. 上海 : 华东师范大学 ,2011.58

③ 《管子·任法》.

式，道德虚构是权力所有者传播道德价值取向的工具，正如梁启超所说："立法权如果操于一人，必立有利于一人的专制之法；立法权如果操于众人，则所立之法必然是有利于众人的民主之律。"[①] 道德虚构往往出自某种权力所有者之意，因此，只要阶级社会存在，其价值导向必定是有利于权力的所有者。

本质之二是他律与限制。道德虚构的另外一个本质是：道德虚构体现了道德发展的他律性，同时道德虚构的运用从一定角度限制了个体的道德自由意愿。

道德虚构的控制属于定向性控制，有着单一的价值导向，其虚构的形象应该是代表时代和社会稳定要求，道德虚构能够使人们明确道德学习的方向和目标，通过学习者的情感活动来实现道德价值的认可和道德行为的外放。道德虚构的典范形象的本质是权力所有者所设定的人们应该遵守或者学习的道德标准，因此，其教育方式是单向度的灌输，是不容学习者反抗的真理，学习者只有绝对的服从和虔诚的相信。这样的方式，不但束缚了个体主体性的自由发挥，让个体失去了自由选择和反思反省的权力，同时也牢固的确立了个体对于某种道德价值的绝对认可。

道德虚构体现的是道德教育中的他律特性，个体对于道德虚构产物的服从与学习，虽然是个体自己修身的过程，然而，其本质仍然是被动的、他律的。从历史上的道德虚构来看，它不但要求个体遵守普遍的道德规则和道德义务，同时需要接受和理解超道德义务的范畴，当道德义务与个体权力、自由等基本生存条件相违背、相冲突的时候，个体依旧能够自觉自愿地履行道德虚构倡导的道德义务。个体在被要求履行道德义务的同时，道德行为者自身的价值和地位在道德意义上被否定与贬低，是一种完全的道德义务论范畴的道德。

（二）什么是道德虚构

道德虚构是人类文明史上的重要经历，是人类在意识到道德教育价值之后，对于意义世界的主动建构。归纳其内涵和本质，能够让我们更清晰的理解其在现实道德教育中的特殊意义。

1. 道德虚构是道德理论的支点

虚构是道德理论难以回避的支点、不自觉的选择。审视已经存在的传统规范

---

① 梁启超 . 饮冰室合集 [M]. 中华书局 ,1936.

伦理和现代规范伦理理论，包括康德式的义务论和亚里士多德式的美德伦理传统，它们都虚构了一种终极价值，如康德所说的善良意志、亚氏所说的幸福，其严密的道德理论都是通过围绕这一预设层层推导架构而成。“在这样的终极价值指导下，道德理论的道德话语、道德逻辑都是非常真实的。”[①]处于道德语境中的我们，似乎天然认可存在某种终极道德价值，犹如大多数人关注什么是幸福，而不去思考是否存在幸福。因为，终极道德价值一旦确立，它是否虚构就显得不再重要。

康德和老子对于本体世界有着相似的认识。“有物天成，先天地生，寂兮寥兮，独立而不改，周行而不殆，可以为天下母。吾不知其名，字之曰道”。[②]老子认为，我们只有通过“德”的方式也许可以领略到“道”的玄妙。康德则认为，我们只能通过虚构的方式实现对世界表象的认知，而怎样的表象呈现，取决于“桥律”(bridge law)。老子言谈的“德”与康德的“桥律”，都是他们解释本体世界的方法。因而，我们应当承认，各种道德理论和道德律令，是不同的人依据不同“桥律”对人类应当具备的道德本质的道德虚构。正是历史上这些外在于既定道德理论体系之外的人，通过上述有意识的道德虚构方式，告诉了人们什么是道德、为什么要道德，乃至通达于至善的方法。

2. 道德虚构的是参与性的实践方法

道德虚构是参与性的实践方法，它希望客体形成“非认知且具有不可妥协性”[③]的道德信条，因而其本质是他律。从主体论的视角来看，掌握话语权力的群体为了维护和延续自己的利益，设计出基本的、代表自己意愿的，诸如善、恶等决定道德观念和道德教育根本方向的纲领性概念。在此基础上，为了使这些抽象的概念更具权威，虚构出一系列符合其时代思维逻辑的典范形象和事件，进而形成道德教育的逻辑闭环。道德虚构的产物是道德权威设计的形象，再加上权威者对于现实道德虚构形象的标榜和表彰，勾勒出一幅道德从行为和后果都绝对正确的图案，灌输给个体某种道德行为的未来意义，从一定意义上遮蔽了超道德义务和道德理想之间的界限。

道德学习者建立对道德内容或观念保持“是”而非“应该”这样的信条，是保证道德教育有效性的基本条件。表面上看来，道德虚构只是言他人之行、诉他

---

① 张亚月．道德虚构主义的理论困境与可能前景 [J]. 湖南师范大学社会科学学报 ,2008.01.

② 《道德经·第二十五章》

③ Mark Elikalderon, Moral Factionalism, Oxford Clarendon Press,2005.p.25.

人之事，脱离了粗暴与强硬的说教式规定，并且在虚构事实中道德实践者也具有自由的选择机会。然而，其实质是促进道德学习者对道德内容建立“是”的信念，通过刺激被教育者的情感，让个体获得道德情感上的触动，进而使之成为个体自己的道德目标。

从历史上以儒家道德为主要范本的道德虚构来看，个体遵守普遍的道德规则和道德义务，同时需要接受和理解超道德义务是其基本特点。当道德义务与个体权力、自由等基本生存条件相违背、相冲突的时候，个体依旧能够自觉自愿地履行道德虚构倡导的道德义务。个体在被要求履行道德义务的同时，道德行为者自身的价值和地位在道德意义上被否定与贬低，是一种完全的道德义务论范畴的道德。然而，“道德意味着不受他人的束缚与强暴”，[①] 他律性的道德能够牢固确立个体对于某种道德价值认同，但是也束缚了个体道德意志的主体性，让个体失去了自由选择和反思反省的权力。一旦典范形象崩塌，人们对于整个道德价值体系就会发生质疑甚至完全否定。道德虚构形象能够代表时代和社会稳定要求，有着单一的价值导向，并使人们明确道德学习的方向和目标。通过学习者的情感活动来实现道德价值的认可和道德行为的外显。

因此，本书的道德虚构是指：为了在公共领域推行美德，接纳道德话语的重要意义，道德权威通过将抽象的道德理念形象化、具体化的方式来塑造美德实践范本的方法。

（三）道德虚构的意义和机遇

现代西方道德虚构主义的兴起，既承认了道德虚构的必要性，同时也为道德虚构提供了发展的理论依据，道德虚构主义是一种温和的道德理想主义策略，其目的在于解决目前人们所遭遇的道德困境。从这一意义上来说，道德虚构不但有着现实的意义，也为道德教育的可为带来了机遇。

1. 道德虚构的现实意义

随着现代性困境的出现，西方世界的学者们开始深刻反思造成这一状况的原因，相关理论研究也发生了很大的变化，认知主义的学者们开始意识到极端的道德虚无主义的缺陷，而转为接受温和的道德虚构主义的主张。为道德虚构的现代

---

① ［英］约翰·洛克著 . 政府论 [M]. 杨思派译 . 北京 : 中国社会科学出版社 ,2009.63.

意义发挥提供了理论上的支撑。道德虚构的再次重视，对于解决西方政治化取向的公民教育缺陷、帮助个体实现德性观念觉解，都有着重要的作用。就我国的道德虚构而言，反思其与现实之间的矛盾，以及传统道德虚构的影响，是我们更需要关注的问题。

(1) 道德虚构是公民教育缺陷的重要补充

道德虚构主义是一种温和的道德重建理想。历史表明，每当出现人们所无法接受的罪恶、腐败等恶性社会现象时，也往往是道德重建之日。杨深认为道德重建理想是社会所容易接纳和更需要的价值，“总有一些敏锐的思想家感受到改革的不可避免和重建道德的必要性与紧迫性，力挽狂澜，筚路蓝缕，树立一种新价值，造就一种新道德，努力建立一个新秩序。这些人不仅是愤世嫉俗的批判者，而且是道德理想和道德秩序的重建者。”[①] 代表人物有孔子、卢梭、康德、马克思等。

自柏拉图提出城邦的概念之后，如何协调城邦中人们的道德价值思想的统一是权力意志非常关注的问题。西方依据公民理念，构建了以权利和义务为基础的公民社会，进而形成了一套系统的公民教育体系。公民社会将道德规范或者说较低层次的道德作为法律的规定，将个体对于崇高德性的追求留给了宗教来完成。然而，对于社会主义国家来说，通过宗教来进行道德教育显然是无稽之谈，而道德虚构则能实现这一目的，同时，随着文明的发展和人们的觉醒，甚至是宗教控制力和影响力的衰退，道德虚构对于西方的影响力也在逐渐增强。

(2) 道德虚构是个体德性观念觉解的重要辅助

冯友兰先生在其《人生的境界》之中提出了觉解这一概念，他认为人生的境界，不在于行为，而在于个体对行为的认识。同样是扶老人过马路的道德行为，智力较低的人是动物性模仿，既无觉解、也无意识，是一种自然境界；而到了学雷锋日，学生们为了得到老师的表扬，都纷纷上街扶老人马路，甚至强迫老人过马路，则是一种功利境界；而一个富有同情心的人，既非功利的目的，也非动物性模仿，而是觉得应该“老吾老以及人之老”，做了也不写在笔记本上，甚至别人感谢他，他都觉得难为情，因为他知道“善欲人见，不是真善”的道理，这便是道德觉解的境界。

布鲁恩认为“古代教育是一种促进灵魂转向的技艺，而现代教育是一种把人

---

① 杨深 . 从道德虚无主义走向道德秩序重建 [J]. 哲学研究 ,1995.05.

矫正得跟时下的意见之流完全一致，直到他们不再有任何‘求知欲’的技艺；它阻止人们获得能让他们清晰地对生存本身进行提问的知识；它是一种压迫年轻人的技艺，使他们陷入一种要么沉默绝望，要么激进好斗的异化状态。”[①] 道德虚构是个体德性观念觉解与升华的重要辅助，我们从中国传统道德虚构的层次中可以知道，它根据人的道德觉解程度划分为不同的层次，满足了不同人或者人在不同道德发展阶段的需要。

总之，道德教育承担着双重的义务，既需要维护如规则、义务等处于道德低处的社会规范，也需要引导人们积极向善，向更崇高、更唯美的道德高处行进。因而，道德虚构作为个体德性观念觉解的重要辅助，我们应当不断地发掘其内在的道德教育潜能，适时的矫正其存在的问题，进而尽可能地发挥其引领人们去发现美德、追寻美德、拥有美德。

2. 道德虚构在学校德育中的未来之路

我们在道德虚构的过程中，并没有严格且必须遵守的界限，相反，其失去了对现实生活世界的理解与关照。真正的教育是帮助个体成为人的教育，更注重个体内心的真实感受，注重人的灵魂的教育。法律和基本规则的约束只能培养出遵纪守法的好公民，却无法培养出道德高尚的人，道德虚构作为一种引导人们趋向崇高德性的道德理想，应该保持必要的“矜持”。

作为学校德育来说，区分基本道德规范、崇高德性之间的差异，以及引导学生理解崇高德性的价值意义是尤为重要的事情。因而，学校在运用道德虚构进行德育的过程中，首先应该摈弃传统道德中诸如封建、落后的思想，和传统道德虚构中愚众的成分；其次，学校德育应当理性的分析道德虚构下的道德形象与学生生活世界的联系；再次，学校德育应当客观的评论道德虚构下道德行为发生的可能性、可取性甚至可为性。总之，教师应当引领学生理性的认识道德虚构，关注道德典范的行为本质，教育者应当意识到留给学生自我成长所需要的反思空间的重要性，并且能够激发学生判断道德事实的可能性和自觉行为发生的可能性，让学生在选择自由的状态下接受道德教育，并且乐意去践行。

---

① ［美］布鲁恩编．回忆沃格林：关于他一生的谈话录 [M]. 上海：华东师范大学出版社，2007.153.

第一章　大数据时代与道德教育生态

“据著名咨询公司 IDC 的统计，2011 年全球被创建和复制的数据总量为 1.8ZB（10 的 21 次方），其中 75% 来自个人（主要是图片、视频和音乐），远远超过人类有史以来所有印刷材料的数据总量（200PB）。”[①] 凯文·凯利甚至预测到，到 2050 年全球数据将达到 100 万 ZB 的天文量级。大数据正以其巨大的力量悄然而深刻地改变着人类社会的方方面面，无疑也改变着置身社会前沿的学校德育。它所具有的独特思维、先进理念和超强技术为学校德育的革新与发展提供了新思路、新平台和新方法，在很大程度上改变了传统的学校德育模式。然而，大数据的德育应用并非百利而无一害，与大数据时代同行的学校德育也面临着诸多的潜在危机。

一、大数据时代的德育挑战

21 世纪以来，与人类未来命运最为密切相关的大事莫过于人工智能和基因工程的惊人发展，这些技术将给人类带来存在论级别的巨变。如瓦拉赫（Wendell Wallach）和艾伦（ColinAllen）所言，“人类已经处在工程系统的决策能够影响人们生活的转折点上”，我们对待人工智能的态度将决定着人类的未来。

《国家中长期教育改革和发展规划纲要（2010—2020 年）》（以下简称《规划纲要》）强调，要“加快教育信息化进程”，并认为“信息技术对教育发展具有革命性影响，必须予以高度重视”。《教育信息化十年发展规划（2011—2020 年）》（以下简称《发展规划》）也明确指出：“实现教育信息化的手段是要充分利用和发挥现

① The 2011 Digital Universe Study: Extracting Value from Chaos.International Data Corporation and EMC, June 2011.

代信息技术优势；途径、方法则是信息技术与教育的深度融合。”然而，遗憾的是，虽然大数据浪潮对社会各个领域产生了广泛而深刻的影响，但目前学校德育工作中的一线教师主动了解和掌握大数据相关知识的意识并不高，有效利用大数据开展德育工作的能力比较欠缺，更没有对大数据德育应用进行必要的风险评估和伦理审视。因此，自觉而充分地认识大数据的特点及其对学校德育带来的机遇和挑战，并在此基础上积极探索学校德育走出大数据应用危机的多重策略，是学校德育工作者完成教书育人使命和立德树人责任的必然要求。

（一）大数据时代与其他时代质的不同

在计算机出现之前，人类在数据存储在技术上并无高明之处，这种模糊性的数据态度导致数据的留存缺乏严谨性和科学性，更说明数据的价值在人类早期并没有被特别关注。同时，在互联网和自媒体技术并没有与具体的个体密切关联的时候，数据与人的关系也没有今天的认识。目前，“人、机、物三元世界的高度融合引发了数据规模的爆炸式增长和数据模式的高度复杂化，世界已进入网络化的大数据（Big Data）时代。”[①] 随着数据在经济和社会发展中的贡献日益增强，人类及其社会的一切状态、行为都将被彻底数据化，世间万物均被数据化。“将世界看作信息，看作可以理解的数据的海洋，为我们提供了一个从未有过的审视现实的视角。”[②] 在技术领域达成了一个共识，大数据将成为渗透到所有生活领域的世界观，但或许更多的人还没有意识到，那就是将来通过数据化，整个物理世界、人类及其社会都将变成由各类数据构成的数据世界。

大数据时代实际上是人类沿着科学化道路不断前行的结果。启蒙运动之后，人类通过科学获取了足够多的进步，虽然，科学带来利益的同时也存在诸多的弊病，但是，就现实而言，科学依然是无法被代替且独一无二的意识形态。

大数据是如何与非理性产生关联的呢？因为只有出现一定的关联，关联之中存在某种逻辑，基于此的研究才是有益的。逻辑的思维是研究的第一思维，“现有的科学，要么可以通过科学定律予以说明，要么可以通过因果机制予以说明，又

---

① 李国杰 . 大数据研究的科学价值 [J]. 中国计算机学会通讯 ,2012(9).8-15.

② ［英］维克托·迈尔－舍恩伯格，肯尼思·库克耶 . 大数据时代 [M]. 盛杨燕，周涛，译 . 杭州：浙江人民出版社，2013.126.

或者可以通过模型的隐喻类比予以说明。”① 我们在探讨二者关系的时候，逻辑就像母语一样深嵌在人们脑海之中。

科学最容易被诟病的方面在于科学的逻辑性的长处，而在非理性领域的缺憾。比如：科学应该是具有普遍必然性的因果规律，即通过科学活动科学家们将获得各种因果规律，而且这些因果规律经过经验检验具有普遍必然性（如图 1）。大数据的科学逻辑性能够实现预测、演绎，甚至在某些方面可以达到比物理定律更好的效果。大数据模型则完全忽视概念与理论，从数据中获取信息，从数据中挖掘复杂经验世界的关联。但是作为非理性领域来说，如人类的情感、心理等传统科学难以解释的方面，大数据与非理性产生了关联。

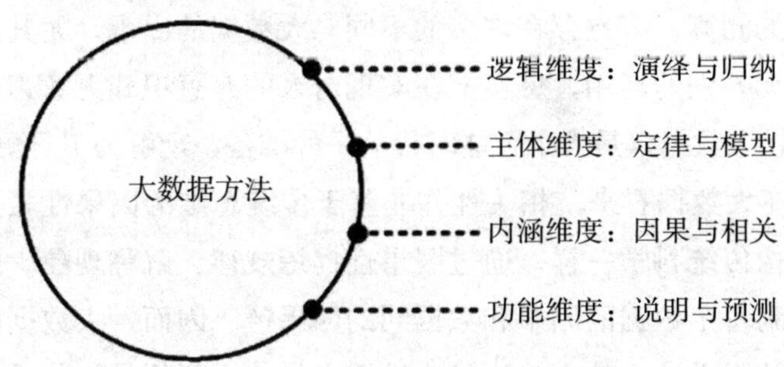

图 1：大数据方法的四个方法论维度②

首先，大数据思维是后现代主义思想的表征。这些年来，主流以外有另外一种强有力的声音在新媒体中深刻而快速的传播——互联网思维，互联网思维不同于传统思维，以《逻辑思维》中的罗振宇特征最为明显，他们的特点与后现代解构“中心”的做法如出一辙。因为，他们认为，在万物互联时代，事物的运行规律已经与传统思维不再一样，或者说在传统运行规律之外存在一种成功的可能，而这种可能实际上是思维范式的转变。传统思维以概念、中心论为指引，所谓中心化（centralization）就是在一个系统的要素之间具有不同的地位和作用，存在层次性的权力结构，它是一种单向性的集权模式。③ 从本体论述，大数据打破了以往的结构主义和物理逻辑，甚至解构了传统科学逻辑——概念到行为的一般作法，混杂、多样、个性的思维与后现代的去中心化相一致。根据数据的来源，大数据

① 王巍 . 说明、定律与因果 [M]. 北京 : 清华大学出版社 ,2011.

② 张晓强等 . 大数据方法 : 科学方法的变革和哲学思考 [J]. 哲学动态 ,2014.08.83-91.

③ [英] 凯文 · 奥顿奈尔 . 黄昏后的契机 : 后现代主义 [M]. 王萍丽译 . 北京 : 北京大学出版社 ,2004.50

可以粗略地分成两大类：一类来自物理世界，另一类来自人类社会。前者多半是科学实验数据或传感数据，后者与人的活动有关系，特别是与互联网有关。大数据超越了传统的因果联系，相关性的去理性化追求在技术上试图实现非理性的愿望。

其次，大数据只是为人工智能在打前站。人工智能的目的是替代人的部分劳动，甚至在部分精细劳动中超越人的能力，目的的实践需要硬件的突破，比如更细腻的动作、更逼真的触觉等，这一点不在人文的讨论范畴，真正的难处在于对人的模拟，它需要更多的人的行为、语言等无意识的采集数据，因为我们知道，即使在感官看来同卵双生的双胞胎在某些方面几乎一致，但是在他们自身看来或者更为细微的测算，依然存在许多的不同。大数据的出现，尤其是公共管理领域和商业领域无差别的运用，事实上在实现对人的有意识和无意识状态信息的公开收集。因此，大数据仅是人工智能时代的一种准备，理解为工具更为妥帖。

再次，在大数据看来，相关性并非基于传统思维的因果性相关。大数据因体量之大难以像传统科学一样，通过因果性提炼规律、解释现象，因为人无法从海量数据中找到每个数据的因果和数据间的因果链。因而，大数据的相关性分析是超越了传统的因果性，其方法论是通过探求是什么而不是为什么，相关关系帮助我们更好地了解这个世界。①

沃尔玛啤酒加尿布案例

一般看来，啤酒和尿布是顾客群完全不同的商品。但是沃尔玛一年内数据挖掘的结果显示，在居民区中尿布卖得好的店面啤酒也卖得很好。原因其实很简单，一般太太让先生下楼买尿布的时候，先生们一般都会犒劳自己两听啤酒。因此啤酒和尿布一起购买的机会是最多的。这是一个现代商场智能化信息分析系统发现的秘密。这个故事被公认是商业领域数据挖掘的诞生。

沃尔玛啤酒加尿布已经成为大数据研究中众所周知的经典案例，也更能形象说明大数据中思维中所说的关系所指。万物互联和万物的数据化，是大数据的根

① 黄欣荣．现代西方技术哲学 [M]. 南昌：江西人民出版社，2011.83.

本性目的，如默会知识（tacit knowledge）[①] 在逻辑化和经验化思维中是难以想象的，但是在大数据技术让人文、社会科学的数据问题得到了解决，也就是让本无传统科学逻辑关系的事物，通过数据的方式让人们能够分析其中的关联，同时也让非科学领域获得了与科学同等的地位。它让语境性、地方性等在传统思维中被认为是非理性甚至不可知的知识也可以被纳入科学知识的范围。

长沙理工大学陈万求教授探讨了 NBIC 会聚技术引发的道德难题及其对策。他认为，会聚技术的发展在提升人类能力的同时也引发巨大的社会道德难题，对传统社会道德提出严峻挑战。道德难题主要包括种属伦理难题、伦理秩序混乱、技术规范难题和生态伦理秩序的解构等。他还对会聚技术引发的“后人类”难题和“NBIC 鸿沟”道德难题进行了深入分析，认为“后人类”的技术的负面后果主要表现在主体——类的消解、客体—技术异化，体现在法律价值、法律主体、法律权利和法律秩序上。为了合理地发展会聚技术，必须实施相关具有前瞻性的战略，采取相关具有预见性的措施；人类必须以谨慎和负责的态度，把会聚技术的伦理反思变成技术研发阶段的一部分，并严格自律；建立起一套法律、伦理、监督相结合的机制调控会聚技术的发展；遵循安全原则、公平原则、优先原则、知情同意原则和差别原则等伦理原则；依据技术不同发展阶段，构建“公众—企业—政府—全球”技术主体的伦理新秩序。[②]

（二）大数据时代与教育研究

“90 后是互联网的原住民。”

进入大数据时代，教育领域中各要素的可量化程度空前提高，各类教育数据几乎唾手可得，教育研究也将朝着数据密集型科学转变，过去掣肘于数据采集与分析的诸多可望而不可即的研究课题正在成为可能。从各种纷繁复杂的教育数据

① 默会知识（Tacit Knowledge）是波兰尼在 1958 年首先在其名著《个体知识》中提出的。波兰尼之所以提出默会知识，是对传统的实证主义将知识看成是完全客观的、静态的一种挑战。波普尔、波兰尼都是默会知识的拥趸者，他们认为无论任何类型的知识，要转化为个体的默会知识，只有通过默会认识，使知识在另一个体的头脑中复活传统教学方法的基本特征是非人性化、划一化、规格化，学生的知识和思维模式等都以学校的规定为准则，使本来充满创新精神和富于激情的学生看起来千人一面。

② 唐熙然 . 大数据的伦理问题及其道德哲学——第一届全国赛博伦理学研讨会综述 [J]. 伦理学研究 ,2015.02.138-139.

中挖掘有价值的研究课题和探索“不知道自己不知道”的现象和规律，并利用海量数据作为研究证据和支撑材料，将是新的历史时期科学共同体遵循的基本研究范式。在这一范式中，研究者不再根据没有实证根基的假设展开研究，也不会完全针对教育对象本身，而是“基于数据”，充分挖掘与分析那些表征教育对象属性和教育运行规律的所有数据。正如有学者所言：“大数据考察的对象直接就是数据本身，而无需在考察数据之前进行某种理论预设。后者是理论驱动型，是通过计算机模拟从理论假设中演绎出结论，而前者是数据驱动型，是从海量数据中进行归纳的过程。”① 所以，与“始于假设”的传统教育研究范式相比，大数据时代的教育研究凸显出了以数据为中心、以数据为驱动的典型特征。

1. 大数据对教育研究的影响

大数据时代的预言者舍恩伯格（Viktor Mayer-Schonberger）教授在谈及大数据对思维方式的革命时指出，由于世间万物的可量化程度和范围越来越大，我们所能掌握的数据也会越来越全，因此，“我们需要改变我们的操作方式，使我们能收集到所有的数据，而不仅仅是使用样本。我们不能再把精确性当成重心，我们需要接受混乱和错误的存在。我们应该侧重分析相关关系，而不再寻求每个预测背后的原因。”②

首先，基于大数据信息的特征，教育研究将更加关注研究样本的整体性、多样性和巨量性。在传统的教育研究范式中，由于研究工具和处理手段的限制，研究者往往只能局限于小规模的抽样调查，探讨少数几个变量之间的线性关系。然而，随着大型存储设备价格的不断下跌和计算工具的升级换代，海量数据的处理速度和挖掘分析能力得到大幅度提高，尤其是统计分析和机器学习的神经网络建模技术的快速发展，使得抽样并非是必要的手段和方法论。③ 那么，为了提升研究结论的可靠性和普适性，就应该对数据的规模提出要求，应尽量采集到关于某一特定研究课题所考察对象的全部表征数据。

其次，基于大数据信息数据的易得和巨量，教育研究将从发现和研究因果关系转向数据间的相关关系。因果关系和相关关系探究是两种不同的思维方式，前

---

① 戴潘 . 基于大数据的科学研究范式的哲学研究 [J]. 哲学动态 ,2016(9).

② ［英］维克托·迈尔 - 舍恩伯格，［英］肯尼思·库克耶，著 . 大数据时代 [M]. 盛杨燕，周涛译 . 杭州：浙江人民出版社 ,2013.92.

③ 沈浩，黄晓兰 . 大数据助力社会科学研究：挑战与创新 [J]. 现代传播 (中国传媒大学学报),2013(8).

者是为科学化的教育或者基于的科学化提高依据，也是近代以来教育学或者人文社会科学结构化和科学化理解研究对象的思维，属于解释学的范畴。受制于不同研究对象的异质性和变量的复杂性，在大数据及数据工具出现以前，相关性的探讨缺乏有效的、具有说服力的分析工具，感性的知觉难以保持恒定性，研究者根本不可能在短时间内对一切数据进行精确化处理，导致数据关系的分析仅局限于表层。大数据科学的降临必然导致教育研究范式的转型，不同于传统研究的逻辑推理，教育研究者将对体量庞大、类型多样的数据集合进行对比分析、交叉检验和聚类统计，更加强调发现而非证实，相关关系的并联思维也将逐渐取代因果关系的线性思维而占据主流。也就是说，大数据时代的教育研究不再仅仅热衷于追求难以捉摸的因果关系和烦琐的科学论证，而是更多地从发现多个数据集之间的相关关系中找出问题、探索规律和预测趋势。

再次，教育研究将从关注教育基本问题、教育逻辑问题向关注实证性分析、具体问题解决等方向转移。可以预见的是，囿于当前的科研压力，以及“双一流”等学校排名、学科建设的科研量化考核，未来教育学研究的大部分人员和精力将投入到这一领域，科学研究的范式将进一步向问题—分析—对策的路子延伸，外文科研成果将呈现急速膨胀，然而，这对于我国的教育学学科发展绝非好事。与思辨性研究不同，基于大数据的教育研究更容易产生出“科学性”的成果。在小数据时代，数据的紧缺和采样规模的限制迫使研究者不遗余力地追求数据的精确性，所以往往会对每条数据逐一进行去冗降噪、去粗取精的清洗和筛选。研究者不必执着于数据在质量方面的一致性和精确度，而是正确看待数据的混乱易变、不确定性甚至是误差，将关注重心转移到数据数量上来。

2. 大数据时代的教育研究路径

在大数据时代，“始于假设”的传统教育研究范式遭遇着巨大挑战，很难适应大数据科学对知识发现和教育研究提出的诸多要求，因此教育研究范式的转型势在必行。那么，如何实现教育研究从“始于假设”向“基于数据”的范式转换，就成为广大教育研究者面临的紧迫而重要的时代课题。

第一，公共教育数据资源与大数据应用问题凸显。除了在高校中相关专业的勃兴，以及就业市场对相关专业人才的青睐。教育研究领域对大数据的挖掘和“占领”已经开始，所谓教育研究中的数据挖掘，是指研究者综合运用统计、云计算、数据可视化等大数据技术和工具对海量教育数据集进行处理分析，再通过数据建模洞察不同教育数据之间的相关关系，从而把握研究对象的基本特征和预测研究对象的发展趋势。在数据挖掘中，研究者并非一定要聚焦原始数据，而是可以充分利用便捷的二次数据、派生数据和公共数据。

第二，理论创新愈来愈难，模型解释越来越深化，原创性研究不可多得。现有的大数据研究范式，基本上走向了如管理学等领域的问题—模型—解释—策略的路子，即运用一定的模型、控制相关变量，发现数据中隐藏的教育问题，进而进行针对性的分析和解决。然而，在教育学模型极度缺乏，只能依靠借鉴其他学科模型的前提下，表层数据将很快被分析完成，而更深入的数据需要更深刻的教育理论或者数学统计等学科支撑，模型解释的路子将越来越深化，同时也越来越难，基于此的原创性研究会更加稀缺。

第三，大数据思维在短时间内会成为教育研究的主流思维。舍恩伯格教授坦言："大数据的核心就是预测。"① 大数据通过分析数据间的相互联系，进行推测事件发生的可能性，"随着教育领域大数据平台的搭建和系统的逐步完善，不断涌现出的各类海量教育数据将为研究者提供了丰富而重要的研究课题，这就要求教育研究者提高大数据研究意识，树立大数据研究思维"。② "随所谓大数据思维，是指一切皆用数据来观察，一切都用数据来刻画，人们自觉主动地用数据的眼光来思考、分析和解释这个斑驳陆离的世界。" ③ 精准而快速的概率预测能够帮助教育者动态检测教育情况和现象，提高教育应当的适时性，减少教育策略的滞后性。

3. 大数据与学校德育研究

大数据对教育研究产生的影响是予以预知的，同样，大数据也必然对学校德育研究会带来影响，我们只有熟知其影响的维度，才可防控其可能的风险，从这个层面说，研究大数据与学校德育的关系是极为重要的课题。"目前学校德育工作中的一线教师主动了解和掌握大数据相关知识的意识并不高，有效利用大数据开展德育工作的能力比较欠缺，更没有对大数据德育应用进行必要的风险评估和伦理审视。" ④ 因此，充分认识大数据的特点及其对学校德育研究带来可能变化，并在

---

① ［英］维克托·迈尔 - 舍恩伯格，肯尼思·库克耶 . 大数据时代 : 生活、工作与思维的大变革 [M]. 盛杨燕，周涛译 . 杭州 : 浙江人民出版社 ,2013.16.

② 邹太龙，易连云 . 从"始于假设"到"基于数据"——大数据时代教育研究范式的转型 [J]. 教育研究与实验 ,2017.04.

③ 黄欣荣 . 大数据时代的思维变革 [J]. 重庆理工大学学报 (社会科学版),2014(5).

④ 邹太龙，易连云 . 大数据时代学校德育面临的危机及应对策略 [J]. 中国教育学刊 ,2017.04.

此基础上积极探索应对大数据应用危机的干预策略，是德育研究者和国家对立德树人根本目标的必然要求。

信息多元、复杂是今天人们面对的同样问题，数据传播的实时性与交互性并无成人世界和学生世界的区分。新媒体的出现，让每个人都由单向信息接收者同时也成为可能的信息的制造者与发布者，并且让个体摆脱现实时空与实在身份的二重束缚，这对传统学校德育来说无疑是全新的局面。“大数据时代的降临虽然使学校德育摆脱了由于信息匮乏而带来的种种困境，但与此同时，其也面临着信息爆炸的威胁和信息霸权的冲击。国内思潮与国外思潮、现代文明与传统文明、主流文化与亚文化、核心价值观与多元价值观等多维多变的信息都在互联网这一场域交流、交融与交锋。面对纷繁复杂而来势凶猛的海量信息，学生的思想领地出现了价值混乱、精神困惑和人生迷茫的窘境，甚至一些学生的思想观念、价值取向和道德标准变得模糊不清，出现了以多元排斥一元、以相对主义抵制核心价值的去意识形态化的危险倾向，许多青少年彷徨在价值选择与道德抉择的十字路口。”①

（三）社区与学校德育

近年来，随着我国城镇规模的扩张、城市人口的迅速增加，更多的学校在城市中拔地而起，频发的学生道德失范现象和学校德育的现实困境，让人们将求助的视野转向了社区，社区的教育价值借此逐渐受到关注。在学术论文和学校实践中，我们经常看到和听到一种提法，即构建家庭、学校和社区三位一体的德育合作体系。这样的提法看似将社区与学校放在同等重要的位置，似乎也契合了当前倡导的全员育人、全方位育人的教育宗旨，但是，进一步梳理已有文献，笔者发现这种提法背后存在着明显的问题：社区德育被当作了学校德育的补充。形成这一观念的原因主要有三个：

其一，基于学校德育的需要。从文献中的作者分布情况可以发现，社区德育的研究主体基本上是学校教育者。他们不但先验地认可了社区具有天然的德育作用，而且从主观上确立了社区德育和学校德育的关系。这意味着社区德育的提出并非基于社区主体及其自身德育逻辑，而是被社区外部“赋予”的期望和需求。

---

① 邹太龙，易连云．大数据时代学校德育面临的危机及应对策略 [J]. 中国教育学刊 ,2017.04.

一言以蔽之，该判断的提出并不是因为发现或证明了社区确实具备某种强大的德育功效，能够与学校德育形成逻辑上成立的互补价值，而只是学校德育研究者们希望在学校德育的短板之外寻求帮助，将社区德育作为学校德育的辅助和延伸。

其二，缓解学校德育的压力。社区德育被作为学校德育的补充源自“学校德育实效性低”的判断，在这个判断中，存在一个需要质疑却也被广泛认同的逻辑，即学校德育决定着儿童未来道德水平的高低和社会未来的道德风貌。社会夸大了学生道德失范的学校责任担当，过高估计了学校德育的价值。为了缓解学校德育的巨大压力，只能借助外力，甚至希望通过外力共同承担起道德教育。

其三，将德育看作机械的过程，将儿童看作被动的德育对象。在可查的文献范围中，尚缺乏社区德育与学校德育是否具有内在逻辑一致的相关论述，一些判断主要取决于研究者直观的生活经验和教育经验，他们还试图借用有效的方式“帮助”儿童获得道德上的速成。在整个思路中，他们把学校空间未能达成的德育效果，扩大到儿童生活的其他区域，创造一种排斥外界干扰的“纯净”环境，而忽视了德育本身的逻辑和儿童道德生长的特殊性。笔者认为，基于上述立论基础和推理，便作出社区德育就是学校德育补充的认定，显然是不合适的。当我们通过历史和儿童发展的视角进行更为严谨的审视，就会发现社区德育绝非学校德育的补充。其论据主要有三：

首先，从历史时间线索来看，传统社区德育的价值高于学校德育。费迪南德·滕尼斯认为，传统社区中的人具有相同价值取向和权威信仰，学校只是处在维护这种共同认同下的附属组织。因而，并没有单独的学校德育之说，或者说从功能的角度来看，并没有独立于社区德育之外的学校德育出现。今天的社区，建立于陌生人的随机聚集，无法形成共同的价值认同，而学校却存在相同的利益目标和价值认同。显然，社区和学校在价值认同上并不一致。鲁洁先生认为：人作为社会性的存在，每个人的生活视域都具有社会历史的内涵。相对于成人在社会化过程中遭遇的复杂性，学校生活则显得更为清晰。因而，除非社区成员配合式的“表演”，否则，社区德育如何与学校德育接轨呢?

其次，从道德生长的起点来看，社区是儿童初级社会化的第一场域。在一些理解中，人们常常将家庭作为初级场所，但我们进行一些细致的考察，就能发现传统意义中的家庭，非指今天日常生活中的“三口之家”，而是“齐家、治国、平天下”之家族、宗族，如历史上有名的韩、赵、魏“三家分晋”。所以，如果把儿童放到家庭作为初级场所之下思考，就需要回到过去的语境中，当下的家庭并不具备这样的性质。在传统社会中，儿童的初级社会化在自我与血缘、亲缘关系的互动和体验中得以完成，家国同构形成的价值同一性，帮助他们实现了儿童从初级群体到社会中的过渡。而今天，无论儿童和他人是否同意，儿童的初级社会化事实上是在社区中完成的，这意味着儿童生活的初级群体与次级群体也存在某种一致，儿童在初级社会化过程中已然经历了价值多元。因而，与儿童初级社会化过程中的丰富多彩相较，学校生活就显得单调起来，同样，与社区价值的多元相较，学校德育也显得更为纯粹。这也许还是5+2=0诘难的答案，学校只是儿童生活的一个场景，儿童在学校中需要压抑多元来保持价值一致，一旦离开学校进入多元的社会，他们的个性便被释放出来。

最后，从社区德育和学校德育的本质来看，二者存在难以兼容的内容。基于日常思维，儿童成长经历的场域顺序分别为家庭—社区—学校，因而，学校德育实际上在家庭和社区教育之后，这样一来，就会出现一个问题：如何要求本无严格关系的社区成员作出同样的配合呢？基于道义和人文的假设也许能够理解，却似乎缺乏可操作的可能性。事实上，家庭、学校和社区的异质性特征，具有各自特殊而又无法互相替代的德育功能。社区中的道德特征是基于伦理的道德，儿童从家庭关系和家庭同社区的交往中，获得了基于情感和感知觉的直接体验，奠定了他们道德认知的基础，获得了自我存在—维护秩序的基本观念性联系。而学校相对于社区成员价值观念的多元，学校中成员的价值目标则是趋同的，其道德体现为伦理的道德和道德的混同，我们甚至可以说，儿童在学校中的道德行为存在家庭和社区德育的价值映射，一方面它们继续体现着对于维护社会秩序的道德表达，另一方面在学校德育价值观的引领下，开始探索作为独立的道德主体应该做什么、怎样做好的思考。

知识让人求实，逻辑让人求是。社区德育与学校德育的概念，需要从实践和发生的维度作出逻辑的推断、历史和经验的维度作出知识的澄明，进而找到二者融合的可能及限度。

二、道德教育的生态

随着文化交融与价值冲突的日益明显，任何一个国家都遭遇到了文化多元的情况，中国也不例外。诸多的研究者们认为，正是因为工具理性或者价值多元的冲击，而造成了今天道德教育困境，然而，这样的思路带来一个问题，即如果说今天的道德教育出现了困境，那么与之相对的古代是否存在诸如今天的困境呢？或者说如果古代不存在道德教育的困境，那么现实的道德教育便可以找到解决之道。然而，事实是孔子在春秋时期便扼腕“礼崩乐坏”，追思周朝的道德盛世，可见，道德困境是每个历史阶段的共同问题。历史和文明的潮流滚滚前行，作为德育研究者，我们只能在符合现代文明价值取向的基础上，反思中国道德教育与之相同、相悖的地方，进而探寻德育未来发展的可能之路。

博尔诺夫谈到：“遭遇这个词新的意义首先是在宗教领域获得的，以前人们也许是一般意义上来谈论‘宗教体验’的，而现在则说‘与上帝遭遇’，以表达在这方面向人们呈现陌生的实在的特有强度，……它（陌生实在）以极大的强度作为陌生的东西呈现在人们的面前，而人们将痛苦地对待它。”[①] 从哲学层面而言，遭遇的产生有三个维度：陌生事物的突然降临；生活连续性的中断；遭遇意味着危机。博尔诺夫认为现代人正在遭遇着“陌生实在”的状况，这种“陌生实在”粗暴的打断了人们多少年以来的、连续且固定的生活状态，原先的生活状态受到了根本的颠覆或者产生了激烈的冲突。

作为这个时代的人，我们都有共同的时代遭遇，电子媒介的横空出世、网络渗透到每个角落、城市化的愈演愈烈……我们沿袭数千年的实体生活、交往方式以及附着于此的道德体系全都遇到了无情的冲击。虽然，从个体的角度来讲，这些事物的出现从时间上来说是不同的，但是从历史的维度来看，对于习惯了往日生活的人类来说，此种变化诚然是突然出现的，是一种真实的“陌生实在”。电子媒介的出现改变了人类对世界的感知觉模式，而新的看世界的方式却又有待确定，矛盾与冲突于是自发产生了。而我们的教育便是要面对这样的遭遇，应对如此的变革。

① ［德］博尔诺夫著．教育人类学 [M]. 李其龙译．上海：华东师范大学出版社，1999.

道德教育同样在遭遇这样的境地，以互联网为基础与平台的新媒体的发展，正以强大的技术力量推动并改变着传统教育的知识传播途径，同时也在很大程度上改变传统的教学与学习方式。陌生却又意味着与自己已有的认识和经验不符，意味着无法掌控和捉摸，意味着已有能力的无法理解和把握，在这种情况下，道德教育面临着一个艰难的选择：是默许电子媒介对人类的主体塑造？还是采取抵抗这种“侵蚀”，坚守自己的道德传统？

1. 现代道德观念的变化

不同的时代、不同的群体，有着不同的道德观念，这似乎已经是人们的普遍意识，并且由此衍生的道德教育也默默承认着这一特点，成为这些不同道德观念的传声筒和卫道士。

然而，我们现在的道德教育中的道德观念是否是道德的呢？我们所做的道德意识是否澄清了尼采所揭示的“善恶彼岸”。[①] 尼采认为人类道德发展经历了三个阶段，第一个阶段是根据行为的后果判断行为的好坏；第二个阶段是根据行为的意图或者动机来确定其价值；第三个阶段，尼采认为一个道德行为的决定性价值在于非意图的东西中，将意图和动机作为行为善恶的判断方式是需要进一步澄清的。可以说尼采对于道德起源的思考，为我们提供了一个全新的道德背景，即对于道德教育本身道德性的思考。康德认为：“内在自由需要两个条件，自我主宰与自我控制……，符合这些条件的品质称作高尚，反之成为卑鄙。”[②] 那么，从这样的双重角度思考，我们的道德观念是怎么样的呢？是否经得起道德性的思考？我们的道德教育从顶层设计到个体的道德践行是否超越了“善恶彼岸”等等。追寻这些问题的答案对于理解当前多元价值冲突下的道德教育状况具有积极的作用。

在现实中，我们经常可以看到研究者们根据社会生活的关系推论出“合理”的、个体可能遇到的道德困境，进而构建出某种道德教育模式。其用意是出于对日常生活中经常遭遇到的道德困境的复制。好比原初的教育——为了一定的目的，有计划地设计出一些活动，通过经历活动，使得人的认识和能力发生改变。如斯巴达勇士通过人为地模拟和重复濒临死亡的情景追逐勇敢与残暴，以此锻造生活

---

① 尼采认为，在此之前或之后的等级社会中，任何被视为“善”或“恶”的东西，都与等级、优越和低下、支配和统治有关，道德的话语权控制在建构善、恶的观念的人手中，善不是始于那些受到善待的人，是那些属于最高等级的人宣布自己和自己的行为符合善。参见：尼采著 . 论道德的谱系 · 善恶之彼岸 [M]. 谢地坤等译 . 桂林 : 漓江出版社 ,2000.36.37.

② ［德］康德著 : 康德文集 [M]. 刘克苏译 . 北京 : 改革出版社 ,1997.374.

中保全生命和履行职责的勇士、强者。然而，其根本的矛盾在于，初民者的选择与他们的生活世界是息息相关的，体现了当时教育的结果，而现在的这种磨炼与淬励思维是否仍旧适应当前的社会变迁与个人需求，这样的“创意”模型是否就是个体日常生活遭遇的道德困境反映？

在麦金太尔看来，这样的“创意”已经过时，因为其思维忽视了社会结构的变迁。随着社会文明的发展，社会分工的细化，个体已经失去了这种初民们对于生命的不安与保护。那么，这种与生活世界脱离、与生命实践脱节的道德教育，是否能实现道德教育的目标，显然值得深思。

2. 道德理念与道德教育之间的问题

德育来自社会对道德的要求，因为道德是人类社会生活基本秩序的保障（现代西方，健全的法律机制已经逐步替代了道德的这一作用），社会契约论者认为：道德是社会契约之一，是社会成员普遍认同并遵守的社会规范和社会理念，也可以看作一种主要的社会意识形态。“伦理学和道德都可以指体现在文化与历史传统中的、支配人们的品格和行为的社会准则。不同的社会有不同的道德标准，即或在同一时期亦不能有相冲突的道德要求，但所有道德的最重要目标是保持社会的和谐。”[①]

德育是联系道德与个体之间的桥梁，是一种生活的社会性的实在存在，因此，只要个体作为社会性存在，德育就始终不能摆脱社会的烙印，或者说是不能摆脱占据社会主导话语权地位的道德设计的控制与影响。然而，在文化多元的现在，普遍的社会性概念被动的遭到了质疑甚至抛弃，社会性已经被赋予了更深的含义，如：相对于以无实体交往“为生”的网络社会取代了实体交往的现实社会时，曾经或者现有的一些道德观念或许依旧能够触碰、影响到他们思维的交往，然而德育却显得空乏其身、苍白无力。现有的研究普遍强调网络道德责任的培养与构建，企图以现实的社会性道德来规范另一个社会。庄子曾经幽叹：“知周之梦为蝴蝶与？蝴蝶梦为周与？”[②] 蝴蝶与周分处不同的社会境地，一切的道德规范与行为范式发生了质的转变。我们能够相信个体的社会性应该是一元性的，意味着无论现实社会与虚构社会，每个个体只能处在并且坚信存在于某一种社会中，并且能从这个社会中获得幸福与尊重，否则便意味着分裂与精神消亡。

---

① ［英］尼古拉斯·布宁著 . 西方哲学英汉对照词典 [M]. 余纪元译 . 北京 : 人民出版社 ,2001.331.

② 《庄子·齐物论》.

我们无法判断道德教育的起始之日，然而却可以从历史的角度审视它的发展及变化。笔者长期以来一直在思考一个问题：中国的古人如何将虚构的道德精神追求逐渐成为整个社会的道德信条，古代的道德教育是否存在过类似今天的困境，如果道德教育在古代不存在困境，那么现代道德教育的问题就可能在比较中找到解决办法，比如重建古代范式的道德体系以应对价值多元的冲击。西方道德教育通过降低道德目标建立起以法律为最低道德的规范为主的道德教育模式，他们放弃了古典德性论，进而应对现代性对于道德的冲击。“中国道德教育正面临着现代性这个问题，它同古典德性教育和西方现代性的道德教育都存在背离，正是由于这种背离或者说我们的道德教育还不够现代性，它才显出自己独有的问题，其中最根本的问题在于我们在公共领域建立起道德虚构，把针对少数人的德性教育推及到公民大众。”①

我们的道德教育处在了一种两难的境地：一方面要纠结于保留传统还是模仿西方的德育模式，另一方面则要困扰于运用怎样的道德教育手段让人们认可虚构的道德价值。于是我们开始质疑传承千百年的道德教育方式，甚至是价值体系、道德精神。如果是基于这样的假设和困境，而道德教育本身在任何时代都曾有困境，那么道德教育还需要区分两种意义上的困境，一种是通常说的道德及其教育的现代性境遇下的困境，一种是背离现代性境遇所产生的困境。十九大报告第七章第三条加强思想道德建设“人民有信仰，国家有力量……强化社会责任意识、规则意识、奉献意识。”因此，寻找一条符合中国社会状况、符合中国人思维的道德教育之路显得迫切而必要。

当前，道德教育与德育研究者普遍认为正面临着巨大的变革与挑战，通过CNKI等文献网络搜索我们发现，道德教育和道德教育研究“火爆如潮”，却也呈现出别样的情景，德育已经不再仅仅局限于教科书中的狭窄定义，早已被后现代、交往、生活、生命等等一系列新颖而更注重生命本体的思想所丰富，各种“德育范式转换”的研究也昭示了德育所面临的前所未有的繁荣与期待。

3. 德育研究范式的发展

曾经，无论是对于中国传统道德，还是西方德育模式，德育研究一直被固执的坚持着单一的研究范式，西方的研究范式几乎成为科学、真理，更是颠扑不破

---

① 潘希武．道德教育的现代性：西方的境遇与中国的问题 [J]. 教育学术月刊 ,2010.7.

的代名词。人们常常以西方的研究范式作为方法论对东西方文化传统进行整体性的认识，既缺乏实事求是的类比科学研究态度，同时对于中国传统道德和思维方式也带来了沉重的破坏。令人惊喜的是，近年来我们不断的看到诸如德育研究范式转换之类的词句，与此相对应的各种研究，开始关注个体的本我体悟、关注个体的生命实践，德育研究开始逐步转向与自身文化、思维相契合的方向，更注重个体实践理性的参与，研究者们试图寻找一条调和过度强调道德理性、逻辑思维等方式的道德理性主义与主体情感参与的途径，“德育范式在当代开始由‘知性’向‘完满人性’的范式转型折射出人类德育范式发展现代化的整体趋势。”[①] 国内德育范式研究主要有两类，一是对于学校德育研究范式的反思，如“对以往和现行的以割裂、知性和技术化管理为特征的德育范式的转换与超越。”[②] 另外一种则是对于影响国人更为深远的传统德育的反思，如对传统德育的反思。

鲁洁先生在其著作《道德教育的当代论域》序言中开宗明义地说道：“我始终坚信，德育应该是最有魅力的。因为德育面对的是人而不是物，即使是物，我们也要显示它背后的人，显示它和人的关系；它面对的是一个个有血有肉的人，是人心，而不是抽象的概念化的人和冷冰冰的理性；它面对的是人的向善之心，它展示的是人对美好生活的向往和对美丽人生的追求。人—人心—人的善心，世间还有什么比这些更有魅力？问题在于，以往的德育往往背离了人自身，背离了人心，背离了人的向善之心，它向人宣讲的是抽象的概念、空洞的道理，它要人做到的往往是不可企及的要求，它规定人去遵守的是一大堆违反身心发展的规训……德育因此而变得面目可厌。应该的不总是现实的，现实的也不一定就是合理的。”[③] 在众多的研究或者研究范式的框定中，个体的生命、生活等特征已经被推崇到一定的高度，与之对立的则是千百年来延承的德育方法乃至德育体系，受到了毁灭性的质疑甚至颠覆，笔者疑惑于：我们的传统德育能够经历千百年的历史沧桑，能够构建起完整的体系，能够把玄妙的道德精神通过一定的方法和手段逐渐使之成为一种道德追求、道德规范，其中必然有现代可以借鉴的东西，我们需要审慎的对待传统道德，而非片面、武断的“枪毙”，似乎更应该汲取它的精华。

近几年，受福柯等人的影响，教育界开始探讨教育中的话语权问题，试图通

① 李西顺 . 我国德育范式的特征及转型趋势 [J]. 教育发展研究 ,2010.24.

② 高德胜 . 学校德育的范式转换 [J]. 教育研究与实验 ,2004.2.

③ 鲁洁 . 道德教育的当代论域 [M]. 北京 : 人民出版社 ,2005, 序言 .

过分析话语权力的流变与控制，解释影响教育政策、教育改革的制定，乃至对于实施效果的影响，进而为消除不利于教育发展的话语控制提供理论上的建议。

探究道德教育中的话语权力，能够让我们清晰地看到道德教育历史中道德教育主体的指向、道德教育的目的、道德教育的价值等特点，从而可以进一步分析传统德育之思维、方法在现代的演变和转化，再对当前的德育模式、方法、价值指向等内容深入剖析、反思，期望能发现制约当前德育发展的一些因素。

“所有道德总在某种程度上与社会性的当地情况和特殊性相关联。”[①] 道德教育不同于社会生活的其他领域，甚至也不同于专门的技术与知识的教育，它是以对人的精神成长产生影响为目的的。无论处在怎样的场域之中，道德教育都是以人的社会生活观念改变与成为宗旨。

根据道德虚构主义的观点，道德本体的虚无特性，而道德教育则需要将这种虚无以一定的方式对个体施之以教，对于那些具备哲学素养和文化素养的人来说，也许很容易理解这样抽象的概念，但是对于像儿童这样不具备抽象思维的个体来说，道德或者道德精神就需要通过一定的载体将其形象化、具体化，才能被接受乃至内化为自身的道德准则甚至道德信仰，这样，道德虚构从起始阶段便介入了道德教育。通过阐述道德教育历史中道德虚构发生的社会基础和核心价值，将中国传统德育和现实德育作为分析范本，分析道德虚构的特殊作用与功能，如实现将虚无的道德精神到个体道德生长之间的纽带作用、对于构建道德教育体系的作用等解释和还原历史中乃至现实的道德、道德教育的发生本质，进而重新审视我们的道德教育和德育研究中道德虚构的功能与限度，今天的道德虚构其特征和思维同古代的德育范式具有怎样的异同，管窥我们当前所遇到的道德困境之成因，阐释我们的道德教育遭遇。

三、传统德育的现代遭遇

——《二十四孝》故事为样本考察

习近平总书记指出：“一个国家、一个民族的强盛，总是以文化兴盛为支撑的，中华民族伟大复兴需要以中华文化发展繁荣为条件。”新时代背景下，我们要把中

① ［美］麦金太尔著．德性之后 [M]. 龚群，戴扬毅译．北京：中国社会科学出版社，1995.159.

华优秀传统文化更好地传承下去，必须推动传统文化继续保持自身优秀特质、发挥自身优点长处，推动优秀传统文化与现实文化相融相通，努力推进中华优秀传统文化在当代社会生根发芽、开花结果，不断使其结合新的实践要求，推动中华优秀传统文化不断创新发展，更好地融入当今时代、服务当代社会。

任何一个民族的历史传统中都既有精华、也有糟粕，必须在扬弃中继承和发展，对待传统文化，我们不但应该破除对中华传统文化先入为主的偏见和断章取义的理解，也应该找到、剥离、剔除和纠正传统腐朽和糟粕的内容，以达到破邪显正、为传统文化正名的目的。

传统文化的发展本应是通过不断的变化来达到与自然的和谐统一，然而传统故事经久不变的解读理念却不能适应现代德育与多元的文化发展。用现代的眼光看来，传统故事中的道德思想存在“神”化、阶级利己主义和个体“义务”论、悖论等特点。因而传统故事的理性诠释需要突破“一元”的解读局限，并通过师生双方多角度的“追问”与反思故事中的道德行为，认识道德的本真，领悟故事中的道德智慧，进而发展师生双方的道德品质和道德智慧。

（一）传统故事及其时代遭遇

传统故事是人们通过故事的形式，记忆和传播具有民族特色文化传统和价值观念的载体，主要通过记叙的方式讲一个带有寓意的故事。本书论述的传统故事是指在古代和现代都曾作为主流道德教育的素材。

在昔日媒介、信息不发达的社会中，传统故事承担着引导社会性格的形成、构建社会道德文化形态，实施德行教育和道德思想传播的职能，故事当中蕴含的道德思想直接作用于人们的价值选择和精神生活，并且成为个体在社会实践中的反思性观念基础。长期以来，传统故事一直被作为我国学校德育的重要内容，主要形式有课本内容、课外读物以及教室墙壁图画等，德育方法主要是通过教师讲解和学生自己阅读来理解故事中主要的道德思想，注重个体的自省、体悟。

现在，传统故事的“生存”正遭遇着巨大的挑战。我们奉为经典的传统故事，如今已经基本失去德育效用，甚至频频遭到恶搞。这些恶搞不只是成人茶余饭后的谈资或者笑料，而且已经对青少年的道德观、价值观的形成产生了消极影响。

那么，我们应该怎样解决传统故事在现代遭遇的困境呢？梁漱溟先生在《中国文化要义》一书中谈到：中国文化“对于外来文化，亦能包容吸收，而初不为其动摇变更”，“由其伟大的同化力，故能吸收若干邻邦外族，而融成后来之广大中华民族，此谓中国文化非唯时间绵延最久，抑空间之拓大亦不可及”。① 钱穆先生同样也认为，中国文化的内涵实质是人与自然的统一，中国文化能够协调自身与自然、社会的发展变化相适应，与自然合一，“中国人看法，性即是——自然，一切道从性而生，那就是自然人文合一。换句话说，即是天人合一”。② 可见，中国传统文化的本质是变化与合一，追求与生存空间的和谐共处。目前多种文化交融的现状，以及教育方式的林林总总，我们应该以怎样的变化来解读我们的传统故事，教师以怎样的方式同学生一起领略这种变化与合一，怎样解读传统故事以阐释现代德育的一些观点，进而重塑传统故事对于德育的巨大作用，这将作为本书重点论述的内容。

（二）传统故事理解中的“现代悖论”

后现代主义提倡人类社会多视角、多元化的思维方式，提倡通过“解构”的方式认识和理解世界。这样，在以前看来毫无疑问的传统道德信条遭到了质疑，我们有必要发掘传统故事与现代民主、文明的道德不适应之处，结合现代多元思维的特点，合理的解构，发挥传统故事最大的德育潜力。

道德和道德意识的产生，来源于社会生产力的发展，是建立在特定经济基础上的上层建筑统治集团的政治上的需要，上层阶级提倡“德”，既可以规范劳动人民的行为，同时，对于其本身来说，也是一种行为规范。从这个意义上讲，传统故事中的道德思想代表着上层阶级的利益。因此，传统故事本身也不可避免的存在与现代民主、科学的理念相悖的一些思想特征。

1.“神”化现象

传统故事当中存在着很多的“神”化现象，包括故事中人物角色能力的“神”化和充当救世主的“神”。比如：“愚公移山”中搬山之神，“埋儿奉母”中天赐黄金之神，“卧冰求鲤”中暗中相助之神等等。这种“神”化现象一方面表现了当时状态下人们征服自然的力所不及、希望改变现状以及处于社会下层的人民对于权利的诉求；另一方面也是传统伦理道德思想中“以德配天”的思想反映。古代统治者和孔孟圣贤对于“天”的道德义理的存在是毫无怀疑的。统治阶级为了维护

① 梁漱溟 . 中国文化要义 [M]. 上海 : 学林出版社 ,1987.3.

② 钱穆 . 中国文化二十年 [M]. 台北 : 东大图书公司 ,1987.13.14.

延佑“上天先宗”赐予的统治权力，以及各种思想流派为实现政治理想所宣传道德政治化和法律礼教化的思维，将帝王与圣人之德“神”化，在这些“神”的言行身影笼罩下对社会产生了“化民成俗”的教化作用。庄子云“六合之外，圣人存而不论”《庄子·齐物论》，庄子所说的“圣人”无疑是孔子，而在《论语》当中，单言“天”字就达十八次，很多学者从孔子的治学态度认为孔子没有迷信思想，但是孔子也没有公开否定鬼神的实有，相反却讲究祭祀，讲三年之丧。

2. 阶级利己主义和个体“义务”论

传统故事中普遍具有鲜明的“功利”色彩，但是却没有导向真正的功利主义即导向伦理普遍主意，而是导向了阶级利己主义。故事中所宣扬的理想道德品质重心在于个人的道德修身和名分自觉。拥有“高尚德行”的个体，其结果一般是为统治阶级所器重，这种因果关系所宣扬的观点是教化者本身首先必须接受教化，他们自已就应该是道德修身的楷模和君子，深谙自已在三纲五常中所处的名分与位置，并能够敬分安制。这种道德准则本身便存在阶级性，最终的利益获得者是统治阶级，其本质为阶级利己主义。

当个体利益与三纲五常中所强调的道义冲突时，个体必须坚决取后者为先，个体的行为发生纯粹是被动的义务，是一种“牺牲”的“道德”，而这种所谓的高尚的、无私利他的“道德”的本质并非真正意义上所指之伟大的德性，个体“道德行为”的发生目的是为了完善品德与恪守封建伦常道义，而非增进每个人的利益或者社会总量。董仲舒说道：“正其谊（义）不谋其利，明其道不计其功”《董仲舒传》，孟子也云“鸡鸣而起。孳孳为义者，舜之徒也。鸡鸣而起，孳孳为利者，跖之徒也”《孟子·尽心上》。二者所言之“义”，恰恰却是公利，即统治阶级之利，而被诟病的“利”，指私利，即一切谋利行为。最终的目的依然是为了维护统治阶级的利益，而非真正的道德所指。

3. 道德悖论

在道德哲学领域，研究者把“道德行为的选择（善或者恶）和道德价值实现的结果同时出现善与恶两种截然不同的特殊情况称作道德悖论”。[①] 传统故事中存在着很多的道德悖论问题，最主要的特征为：传统故事在赞扬故事中人物“善”的道德品质的同时，却忽略了甚至无视“恶”的情况的出现。

---

① 钱光荣 . 道德悖论的基本问题 [J]. 哲学研究 ,2006(10):88.

如在教导个体要有谦让的道德品质的时候，“孔融让梨”是最常用的素材，然而，我们却没有意识到当个体“拿小梨”的时候，却把不道德的声誉留给了最终“拿大梨”的人，如果每个人都想自己是谦让的、道德的，那么大梨只能放那里烂掉。而且假使“拿大梨”者本身就是一个不道德的人，那么这种谦让同时也在纵容“拿大梨”不道德品质，“这也就意味着，我们的学生在做一件道德的事情的同时也是在做一件不道德的事情”。①

当我们深思传统故事中所包含的道德规则，或者按照其定义的“好的道德品质”去做一件道德的事情的时候，我们不难发现很多行为存在着道德悖论。

（三）传统故事在现代德育中的理性诠释与演绎

强调个体的体悟在现代德育中占据重要的地位，现代德育认为“道德教育的目的应是引领人们在这种涉及多层面的生命活动之中展开，领悟其丰富与复杂，而不是相反，变复杂而深刻的领悟为简单与外显的行为操练”。②从这个层面来讲，在传统故事的解读中增加师生的互动、学生的体悟，进而增强个体对于“道德”的认知与道德智慧的培养有了现实意义。

1. 传递给个体基本的“道德”概念

价值观多元意味着存在不同的甚至对立的价值观体系，意味着对于道德的不同理解。柯尔伯格认为：“道德教育中的关键问题是价值观的相对性问题：是否存在着儿童具有的普遍的价值观？”③而这恰也是传统德育的软肋，在我们长期的德育中，更加重视“大德”的培养，而忽视了基本道德的认知，割裂了道德认知与发展的层次性。周易讲：善不积不足以成名《易传·系辞下》。老子也说：图难于其易，为大于其细，天下难事必作于易，天下大事必作于细。是以圣人终不为大，故能成其大《道德经》（六十三章）。通过培养个体对于基本道德的理解与内化，从而为个体上升到更高的道德层次提高支持。

(1)“道德”与“牺牲”之距离

传统故事当中所倡导的缺乏主体性的“牺牲道德”，是在过去政治条件下的

① 张鲁宁 . 道德教育中道德悖论问题及消解 [J]. 教育学报 ,2009(1):108-111.

② 易连云 . 传统道德中的生命意义解读——论“生命·实践”道德体系的构建 [J]. 教育学报 .2005（5）.

③ ［美］柯尔伯格 . 道德教育的哲学 [M]. 魏贤超等译 . 杭州 : 浙江教育出版社 ,2000:1.

"特定道德"。它割裂了权利与义务、他律与自律的关系，混淆了真正道德中所指牺牲之内涵，更抹杀了"增加每个人利益总量"的道德终极标准，特别是道德的生命基础。

辩证唯物主义者从需要来探讨人的本性，提出"他们的需要即是他们的本性"，[①]并且把人的需要看作支配人行动的内在动机。个体关心自己的利益，是其社会存在以及道德生存的必须，更是道德行为的反哺。辩证唯物主义者在探讨个体利益与道德的关系是指出："正确理解的利益是整个道德的基础"。所谓正确理解，不是无视或者消退个人利益，而是个人利益要求符合社会利益。也就是说，无视个人利益的牺牲是陷入"义务论"的谬论，"忽略了道德作为人的一种生存方式所具有的内在主体性和动态生成性。"[②]而真正道德层面的牺牲是建立在个体生命体验和内在精神的发展要求基础上的自我道德升华。

道德"就其结果和目的来说，却能够防止更大的害或恶（社会、经济、科教的崩溃）和求得更大的利或善（社会、经济、科教的存在发展），因而是净余额为善的恶，是必要的恶"。[③]所以，真正道德意义上的牺牲是建立在增加全社会和每个人的利益总量前提下的"害己"，是个体最高层次道德的自觉行为，取决于个体对牺牲目的和行为事实客观规律的认识。

（2）道德"无高低"，德行"无极限"

道德本身没有高与低之分，也即没有道德或者更道德的区别。道德发展的动力乃是道德与不道德的矛盾统一，而非"高级道德"与"低级道德"的矛盾运动。"道德行为的影响或者作用的大小，往往与一个人拥有的资源（社会地位、权力、财富、能力等）有关，甚至由一个人拥有的资源决定，但是，这与道德本身无关。只有'小善'与'大善'之分，没有'低善''低级善'与'高善''高级善'之别"。[④]

传统故事中有的很大一部分看似为"小德"的事例为世代所传诵，如汉文帝刘恒"亲尝汤药"，子路的"百里负米"等等。笔者认为这样的"小德"更应成为德育关注的焦点，以还给每个人追求"道德"的权利。"君子务本，本立而道生"

---

① 马克思恩格斯全集：第三卷 [M]. 北京 : 人民出版社 ,1960.514.

② 易连云 . 传统道德中的生命意义解读——论"生命·实践"道德体系的构建 [J]. 教育学报 .2005.(5).

③ 王海明 . 伦理学原理 [M]. 北京 : 北京大学出版社 .2001.90.91.

④ 陆有铨 ."道德"是道德教育有效性的依据 [J]. 中国德育 ,2008.10.

《论语·学而》，道德品质的发展是逐渐完善的过程，只有致力于务道德之“本”，最终才可能达道德之“道”。

2.“追问”与反思基础上的传统故事解读

传统故事理解中的“现代悖论”是无法完全消除的，我们所能做的只能是将其产生的危害降到最低。

“行拥供母”的故事讲述的是东汉时江革战乱负母逃难，路遇土匪，江革以奉养母亲为由哀求不要杀他，贼人怜其孝顺放了他。江革常常贫穷赤脚，而母亲所需甚丰，故事高度赞扬江革的至孝。在讲述这个故事的时候，可以追问学生以下的问题：江革遇到土匪时的哭求会总是有用的吗？哭着哀求的行为算男子汉或者英雄吗？当遇到这种情况的时候你会怎样做？如果你是江革会怎样做才不会遇到土匪？江革供给母亲所需甚丰，而自己却贫穷赤脚，江革的行为可取吗？如果你是江革会采取怎样的方法既非常孝又不伤害到自己？通过这样的追问引导学生理解怎样保护自己的安全，理解在不伤害自己的情况下行使孝以及其他善意的行为，理解何为孝的真谛。

通过一系列的追问，引起学生的反思，结合现代道德准则传递给学生最基本的道德观念以及作为社会人的行为规范，在这样一个互动的过程中完成德育。

3. 师生双方运用道德智慧探寻“道德”、践行“道德”

长期以来，我国的学校德育以知识、思维道德教育为主，花费了很大的人力、财力，结果却出现了道德考核高分而实践低能的奇怪现象，追其缘，在于道德教育中对于道德智慧生长的关注缺乏。“在道德教育中，培养学生的道德智慧就是教导学生在道德行为中能够分析自己所处的道德实践环境，审视自己的道德行为手段，并对不同的道德实践手段进行比较，选取达到道德行为目标的最佳手段”。①所以，道德智慧的培养具有重要的意义。在传统故事当中就存在有很多关于道德智慧妙用的事例可供借鉴。

自贡赎同胞和子路救人的故事体现了孔子对于“道德”的理解，同时也告诫人们在践行道德的时候运用智慧的重要性。教师实施德育的同时就是教师道德践行的过程，道德智慧的培养为教师在实施德育过程中德育手段的增加以及对于道德更深层次的理解提供了可能。学生通过道德智慧的培养，具有了道德智慧运用

① 张鲁宁 . 道德教育中道德悖论问题及消解 [J]. 教育学报 ,2009(1):108-111.

的前提条件，最终达到在行动时能够选取最佳道德行为方式。师生双方道德智慧的培养，还给了教师和学生最生动的德育情景，使原本枯燥乏味的道德教育散发出勃勃生机。

对于传统故事当中道德智慧的发掘不仅能为教师、学生提供一种研究文本，而且它还是一种对于道德智慧理论研究的有效补充。

习近平总书记明确指出：“中国优秀传统文化的丰富哲学思想，人文精神、教化思想、道德理念等，可以为人们认识和改造世界提供有益启迪，可以为治国理政提供有益启示，也可以为道德建设提供有益启发。”冯友兰先生也曾说过：“我时常想，在世界上中国是文明古国之一，其他古国现在大部分都衰微了，中国还继续存在。不但继续存在，而且还进入了社会主义社会。中国是古而又新的国家。《诗经》上有句诗说，‘周虽旧邦，其命惟新’，旧邦新命，是现代中国的特点，我要把这个特点发扬起来。”《周易》有云：生生之谓易。我们把“新命”与“生生”相结合，传统文化中创新、更新与发展之间的关系便逐渐清晰起来。

第二章　道德虚构系谱

道德虚构叙事至少包含两层意义：一是由史实以及对史实的解说所阐述构成的序列或系谱；二是这种叙事情节或背后的价值所产生的比喻以及隐喻意义，分别传递着虚构者的价值理解。作为道德虚构系谱，结构化虽然可能无法全面把控史实的整体性，但是对于了解史实的基本构成具有不可忽略的意义，同时，系谱方式理解道德虚构本身也是结构化的方法。

一、人性与目的善

在古代哲学家看来，人性是人类生而具有的自然属性。道德教育始终是追求善的教育，人性的可变是道德教育得以存在和实现的前提。道德教育的最高目标是实现人性的升华，即道德成为个体自觉自愿的内在需要和境界追求。德育研究需要关注人背后的社会性来源，自古以来，道德教育范式都离不开对于人性假设的探讨，亚里士多德说“各存在体在其完全状态下而为本然者，即是该存在体所有之本性。”[①] 从一定意义上说，人性假设在很大程度上决定了道德教育和道德教育研究的内容和方法。同样，由于道德教育的目标是追求善，再加上道德教育的特殊性使然，因而，反思道德虚构的困境，必然也无法逃避探讨其人性假设的渊源，进而反思道德虚构如何实现其规劝人们弃恶扬善的价值目标。

（一）理性中的人性

现实道德虚构中的人性假设表现，一方面与传统道德虚构有着诸多的方法和

① 赵一苇 . 当代教育哲学大纲 [M]. 台北：正中书局 ,1998.57.

价值联系，另一方面则显现出现实中道德教育的道德理性的缺乏。

似乎有两个“必然的”逻辑，“时恶，更多的时候是非善非恶。”① 从现实道德虚构下的形象我们可以发现两个“必然的”逻辑，其一是人性善的人，即道德高尚者通常不会做坏事，或者说在道德虚构之下，道德典范的人生处处彰显着道德，几乎可称之为生而知之者；其二是放弃了美德获得的偶然性因素，即在道德虚构之下，道德典范美德的获得是绝对的，摒弃或者说无视偶然性因素、客观环境的作用，这与古代的道德虚构逻辑几乎是相同的，缺乏现代人文、政治和文明、理性等关照下的个体能动性。

现实道德虚构缺乏道德理性。从某种角度来说，某个时代的道德虚构可以体现这个时代的道德理性，甚至是人的理性。这一点与人对于世界的认知程度，以及人的主体自由性密切关联，在对古代和现代道德典范的虚构中，我们可以轻易地发现这一特征，即相对于这个时代的道德理性和个体的主体自由越强，则道德虚构与实际生活越相关，反之，则表现出虚假、甚至是欺骗的现象。

人性向善、向恶假设的假设之下的道德虚构都能体现出人们的理性态度，上文探讨过人性假设下的道德虚构表现。通常，对于人性向善的道德虚构往往体现了某个时代或者某种道德价值观念的积极方面。在古代，除维护宗法观念所需要，而形成的对帝王的神性虚构，对于维护社会稳定的基本道德观念，几乎保持了与时代相应的理性态度，而对于人性向恶的道德虚构则缺乏相应的理性，尤其是对于那些与主流道德观念相左的行为，几无理性可言。好比柏拉图说道：“我们倒不如说，与正义相伴的东西是美德，而无论它是什么，而没有这种性质的东西，无论它是什么，都是邪恶的。”② 人性恶假设下的道德虚构被推到了善恶二元论的绝对面，是对于人性恶的非理性扩大。

（二）传统人性假设与现代生活

人性是一个亘古已有的话题，它是对人的基本定性，也是一切有关人之学的基本前提和基础。“不同的人性假设基础会形成不同的德育范式，对人性假设的探索和设定是德育研究的基础之一。回顾中西方的人性假设，就会发现社会的差异与人性假设关系密切。”道德虚构作为道德教育体系中的重要手段，附带着诸多道

① 邓安庆 . 中国本土的道德经验 [J]. 伦理学研究 ,2008.05.

② ［古希腊］柏拉图 . 美诺篇 . 柏拉图全集 : 第 1 卷 [M]. 王晓朝译 . 北京 : 人民出版社 ,2002.

德意志关于人性假设的投影。在人类历史上，善的概念是不断的更新变化的，如在今天的我们看来不可思议的一些恶，在古代却是正义和善良的。哪怕是同时代的不同国家、不同文化差异的种族、信仰，也会造成善与恶观念的截然不同。

总的说来，研究者们对道德教育中的人性研究，能够让我们更深刻的理解道德教育的历史变迁和道德教育的作用。诚如大多数学者认为："人性的基本论断大体有善和恶两种。这两种之间人性恶更为道德教育提供了可能与必要，同时也为人的生活设定了向道德超越的规定。"① 人性向恶的论断更强调道德的他律性作用，道德教育的作用就是规训人们向恶发展的趋向，克制违反他人利益、"不合理"（此不合理是从道德界定者的角度而言）的欲望。而人性向善的论断则认为，个体的善来源于教育和个体的努力。

针对人们具有趋于善和恶的发展可能，道德虚构有着不同的价值规约。其中，对于趋于善的人性假设，道德虚构根据所代表道德教育的价值理念将其预设为善的行为，形成向善—结果善的虚构逻辑与相应的道德典范。而对于趋于恶的假设，道德虚构则将其作为恶的价值理念，形成趋恶—结果恶的虚构逻辑，和遭人鄙夷、唾弃的反面榜样。

1. 人性假设价值目标的同一性

可以说，虽然性善和性恶的人性假设，其表现的虚构内容和方法有所不同，但是其承载的最终价值目标却必须是一致的，都是为了实现某一时代、某一道德教育的根本价值准则、价值方向和价值目标。因为，就道德虚构的本质来说，只是作为道德教育的一种方法，是整个道德体系中的一个部分，是以整个道德价值体系导向为指南基础上的所为，如果二者无法维护道德教育的同一价值目标，就会造成道德虚构的实效，甚至对其承载的道德价值产生危害。

人性即人的属性。首先，从静态的视角来说，人性可以看作是自然性、精神性结合社会性的统一，人是物质和精神的统一，物质性的人代表着人是什么的天然属性，是个体发展的基本条件，精神性的人则代表着人性可发展性，体现着教育所能达到的应然取向；其次，从动态的视角来说，人性是在实践活动中所表现的人的自然性、社会性和精神性的外在统一，意味着人性是在先天的自然性和后天的社会交往与精神价值观念等的不断交融中，所形成的个体的人性特质，人性

① 吕丽艳．人性·道德·超越——兼论德育的可能与目的 [J]. 南京师范大学学报(社会科学版), 2009.06.

的这种属性为教育和道德教育的可为提供了可能。

2. 传统人性向善、向恶假设下道德表现的绝对化

分析人性假设之下的道德虚构表现，可以从道德典范的特点，以及历史上人们对于人性假设的道德虚构的理性态度和人性假设的道德虚构价值三个方面进行分析。对于人性假设下的道德虚构，人们最直观的感受是道德典范的呈现特点，即通过道德典范的具体表现和特征，来反观人性假设的道德虚构表现。

在向善假设下，道德典范往往体现的是正面形象，即道德主体表现为因其信善而从善，最终获得善果的形象。一方面，人性向善的道德典范通常都是至德的化身。如我们所知道的三皇五帝的形象，在历史的记载中都是丰功伟绩、德彰天下的代表，同时在逻辑上，他们的伟绩源于道德的高尚，源于人性的向善。再如家喻户晓的“二十四孝”，其中每一个典范都是因为拥有至孝的品德，义无反顾地去从善，最终得到统治阶级的表彰和上天的恩赐。从中我们不但能够发现古代帝王的神性特点（帝王是神在人间的使者或者后代），并且同“以德配天”相联系，整个道德教育的逻辑是人性向善→道德高尚→从善→成功，向善与否可以影响到个体的政治和社会地位，所以我们所看到的道德典范主体都是一些正面形象。

而在人性向恶的假设下，道德典范往往体现的却成为反面形象，即道德主体表现为不信善而不从善，而最终堕落，被社会唾弃的形象，旨在警示人们向善。我们从关于黄帝和蚩尤的生平和战斗传说中可以看出，人性向善与向恶的不同道德典范特点。人性向善假设下的黄帝生来爱民、而不爱战争，“生而神灵，弱而能言，幼而徇齐，长而敦敏，成而登天”。[①] 其感生神话同上古时代的诸多正面道德典范是相同的；蚩尤生性残暴好战，面如牛首，背生双翅，其形象同母系氏族社会的黄帝相比已经是人与兽的区别，而蚩尤则不甘黄帝的领导，属于反叛的乱臣贼子；黄帝曾经大败炎帝；黄帝的大将不是龙的化身就是神，而蚩尤的手下则会喷毒烟吐雾，缺乏可用大将；黄帝得到天圣母的指点，而蚩尤则失民心，无民望。从对于二者的形象和事迹描述的对比我们可以看出，在性恶假设下的道德典范，都是为人们所不齿、所憎恶的无德形象，上古时候的典范虚构更是如此，会将这种行为作为十恶不赦的行为来定义，在发展到后期的人性恶假设下道德虚构典范也是如此，方法与态度都非常相似，总作为正面道德典范的完全对立面出现，其

① 上古天真论 . 姚春鹏注 . 黄帝内经 [M]. 北京 : 中华书局 ,2009.

最终结果通常是不得善终，包括其家族和后人也会蒙羞，甚至受到株连，这与中国农耕式的家族社会不无关系。

我们可以发现，无论人性向善或者向恶假设下的传统道德虚构，其道德典范的表现具有两个特点：其一是人性的一致性导致道德的一致性，意味着假如道德设计者将某个典范虚构为一个人性向善且道德的形象，那么道德典范自始而终都会表现出向善的趋势和道德的行为。反之如果其人性设计是恶的，那么其虚构下的道德典范则会从始而终都表现为恶的趋势和恶的道德。其二，传统道德虚构忽视了个体美德获得的偶然性，无论人性善恶，其道德性均为天授。

3. 不同的人性假设，形成不同的道德虚构理念

学界普遍认为，中国的人性假设在孔子之后分为明显不同的两种观点：一种是性善论，以孟子为代表（子贡云："夫子之言性与天道，不可得而闻也"，[①]孟子曰"生之谓性"，并且孟子有一些相关的关于"性"之论述，因此，一般认为性善论是孟子的观点）；另外一种是性恶论，以荀子为代表。两者不同的人性假设对中国很长一段时间的政治和德育都产生了深远的影响。孟子讲道："仁义礼智，非由外烁我也，我固有之也，弗思耳矣"[②]，"恻隐之心，人皆有之；羞恶之心，人皆有之；恭敬之心，人皆有之；是非之心，人皆有之。"[③]在人性本善的假设下，孟子提出从人的主观性，即向善之心为出发点进行德育，并且按照这个观念构建道德教育体系。

人们一般认为荀子是从人性本恶的角度提出的道德教育范式，"人之性恶，其善者，伪也"，[④]荀子认为人们外显的善是假装的，是伪善，因此"故古者圣人以人之性恶，……故为之立君上之势以临之，明礼仪以化之，起法正以治之，重刑法以禁之，使天下皆出于治，合于善也。"[⑤]这是关于道德他律的典型论述。

现在又有一种新的观点，认为人们对于荀子的人性本恶假设是有误读的，因为在"先秦哲学中，性既可指一种先天的属性，又可指这种先天属性后天发展的倾向，但二者并不属于同一层次。前者为本性意义上的性，而后者为一种受到外

---

① 论语·公冶长.

② 孟子·告子上.

③ 同上.

④ 荀子.

⑤ 同上.

在环境影响的情性。"[①] 意思是荀子的观点并非简单的人性本恶，因为，如果人在初生（基因）天赋中便带有本性之恶，那后天的教育就是在反本性的行为，这与人类的认知史是相悖的，荀子说："生之所以然者谓之性""性者，天之就也""性者，本始材朴也"。意思是人出生之后的状态乃是自然之性，是不带有任何价值状态的自然性情，无所谓善恶，徐复观先生更认为"此处'生之所以然者谓之性'的'生之所以然'，乃是求生的根据，这是从生理现象推进一层的说法。此一说法，与孔子的'性与天道'及孟子'尽其心者知其性也'的性，在同一个层次，这是孔子以来，新传统的最根本的说法"[②] 告子曰："性无善无不善也。……性犹湍水也，决诸东方则东流，决诸西方则西流。人性之无分于善不善也，犹水之无分东西也。"[③] 不少人认为荀子在这一层面关于性的论述是性本朴，是没有善恶之分的，那么，按照这样的理解，人们对于荀子的人性本恶的论断是错误的。

荀子对"性"还做了第二个解释，"性之和所生，精合感应，不事而自然谓之性。"[④] 关于这一点，学界的争议较多，主要分为两种观点，一种观点认为此话的意思是"性在和谐状态下，精神与外物相合感应，不经过人为努力或后天教化，自然产生出来的就是性，……认为未经后天努力或社会教化的才能算是性，后天对性的塑造和培养则是伪，已不能算是性。"[⑤] 另外一种观点则认为，荀子所言之第二个层次的性，"与告子的'食色，性也'有内在的一致性，都是对人性呈现出的物质状态的判断，也是对第一个命题的补充。"[⑥] 是出于"自然材质状态的人性在实现的过程中，由于缺乏思孟学派所强调的人本应有的道德心知，就无法通过自身去对现实的人性发动进行道德定位。因此，潜在自然材质的人性在与外物交接的过程中，如果缺少人为的干预，顺应其性（顺是），必然的结果就是好利争夺、偏险悖乱。"[⑦] 正是因为人的本性有趋于恶的道德价值，因此，荀子认为道德教育存在有其必要性。这也是阶级社会道德教育发展的主要基础之一。故人们一般将

---

① 余开亮 ."性朴"与"性恶"：荀子论人性的双重维度 [N]. 中国社会科学报 ,2013 年 9 月 16 日 .

② 徐复观 . 中国人性论史 · 先秦篇——性字之流行及向人性论的进展 [M]. 上海 : 上海三联书店 ,2001.163.

③ 孟子 · 告子下 .

④ 荀子 .

⑤ 梁涛 . 即生言性的传统与孟子性善论 [J]. 哲学研究 ,2007.07.

⑥ 高正伟 . 从心之所生为性到"生之所以然者谓之性"——论荀子对孟子人性论的因革 [J]. 中南大学学报 (社会科学版),2012.05.

⑦ 余开亮 ."性朴"与"性恶"：荀子论人性的双重维度 [N]. 中国社会科学报 ,2013 年 9 月 16 日 .

荀子学说的延伸成为法家思想，道德教育对于规范人们行为，从现实社会的实践上推论道德教育的作用和意义；而孟子的学说则最终发展到了政治理想主义，成为个体追求道德境界的依据。

（三）西方人性观与道德引领

西方的人性论主要分为两支，一支是以哲学家为代表的人性观，另外一支则是在西方占重要地位的基督教的人性论。苏格拉底首先开创了西方的德性主义的人性理论先河，“知识即德性，无知即罪恶，”苏格拉底将人的形象定位于求真和求善相结合的德性之上。柏拉图认为人的本性就是人的灵魂，而人的灵魂由理性、激情和欲望三部分组成，“理性是智慧，关注整个灵魂，所以应占统治地位，而激情则是它的臣民和同盟军。”[①] 他认为人的道德水平主要取决于三者之间的关系，柏拉图关于人的欲望的重视，正如荀子所谈的人的本性，关注到人的欲望与生理的区别，形成了西方哲学关于人性论的重要内容，黑格尔和尼采分别对这一问题进行过论述，黑格尔认为人对于价值和尊严的认可欲望推动了人类历史的发展前进，而尼采认为道德不是基督教教义中所提出的平等、正义，这是一种奴隶性的道德，真正的道德在于对他人的征服。

1937 年，美国“成人教育之父”戴尔·卡耐基曾出版了一本名为《人性的弱点》的励志图书，该书被至少译成 58 种文字，总销量达到九千余万册，拥有超过 4 亿读者，卡耐基通过对人性的探讨，结合运用社会性和心理学知识，通过分析许多普通人通过奋斗获得成功的真实故事，帮助人们找到人生的方向。卡耐基认为人性是有弱点的，但是可以通过教育的手段，克服弱点，达到成功。

如果人性的假设是成立的，那么，相对于人性向善来说，人性向恶的倾向就是人性的弱点，道德教育的目的就是希望通过教育或者规范克服个体潜在的恶的倾向。卢梭认为：“个别意志由于它的本性总是倾向于自私，而公意则是倾向于平等。”可见，在卢梭认为，人性的弱点存在于个体层面，是社会人之间和谐的因素，也是决定个体自身道德水平高低基本心理品质。因此，在现实中人们应当关注人性的弱点，即由于个体自身或者社会造成的个体差异，抑或自身期望与社会现实的差异，而造成的个体消极倾向的心理，主要表现为个体在社会关系中的消

---

① 苗力田 . 古希腊哲学 [M]. 北京 : 中国人民大学出版社 ,1989.

极体现。

道德教育的理想目标就是消除人们身上这种潜在的、趋向于恶的人性弱点，而我们现实中通常所说的道德教育的实效性低下的主要原因，即在于道德教育对于人性弱点的无能。汤因比认为：“历史，尤其是现代历史，已经很清楚的显示，人类的无知和软弱不是暂时的现象，而是人类生活的永恒特征。他们源于人性中固有的二重性。人类的无知和软弱不是暂时的现象，而是人类生活的永恒特征。他们源于人性中固有的二重性。人既是动物，又超越动物；人既是社会动物，又是具有良知的个体；人掌握着知识和力量，但这些知识和力量都是有限的，而且他意识到自己的有限性。”假设人性向恶的弱点是成立的，那么个体道德品质的好坏就成了教育或者道德教育就需要承担能否克服人性向恶弱点的责任，如果道德教育无法克服、或者说道德教育无法跟得上个人向恶弱点的时代特征变化，不仅仅表现为道德教育的失效，同时也可能导致个体的恶外在倾向的不断增长。

公元 1 世纪基督教产生，创始人耶稣自称为救世主，提出世界由上帝创造，只有人才有灵魂，是惟一由喜欢获得上帝拯救的生物；“基督教圣典《新约全书》和《旧约全书》直接继承了古希腊、古罗马哲学伦理思想，认为正因为人性是恶的，人是有罪的，所以要在生命中历尽磨难，所以上帝派耶稣来拯救人类。”① 可以说基督教的人性论是对于普罗泰戈拉提出的“人是万物的尺度”一种发扬，强调人类中心论的思想，同时为他们征服大自然、征服其他非基督教、非正统基督教的种族提供了依据。总之，基督教的人性论认为人是有原罪的。

文艺复兴之后，欧洲出现了第二次伟大的思想运动即启蒙主义运动，新兴资产阶级的新的思想潮流迅速传播，提出平等、自由、博爱等反对蒙昧、专制和宗教迷信的理想化思想，卢梭、孟德斯鸠、狄德罗等是这场运动的主要代表人物。他们的人性论主张人性向善，其思想根源都是建立在这一基础上，我们从卢梭的著作《爱弥儿》中可以得知。

可以说，西方启蒙主义运动对于今天的西方价值观和道德教育的体系建设都有着重要的影响，其提出的建构于人性善基础上的自由价值观，成为今天占据西方优势地位的主流价值观，启蒙主义运动中的浪漫主义对西方近代的发展产生了深远的影响，以赛亚·伯林说道：“如果我选择一种信仰，而你选择另外一种信仰，

---

① 孟祥科 . 西方人性理论研究综述 [J]. 延边党校学报 ,2011.01.

那我们之间必定会展开战斗。不是你杀死我，就是我杀死你，也许来场决斗，最好的是我们不分胜负，双双战死。最可怕的是相互妥协，那等于是说我们双方都背叛了自己内心的理想。"① 我们从今天的西方德育中看到的明显被人们接受的一些道德价值观念，如强调人性自由、崇尚激情、反对理性的二元对立等，都能从浪漫主义中都能找到这些思想的影子，但是我们从西方的道德现状可以发现，现代西方的人们更愿意或者说已经接受了法律带来的自由，所以我们看到的是现代西方是建立在法治基础上的社会，人与人之间是受到法律保护和约束的关系，而非道德在起作用。因此，在同西方学界沟通的时候，我们会发现西方的崇高德性的教育只是存在于宗教之中，而受到自由主义等的影响，他们更注重公民权利和义务的知晓，或者说不违反法律的行为即是道德的。

中国和西方的古代、现代的道德体系建构者对于人性的不同理解、发展，以及由人性论为出发点衍生的道德价值观念和道德教育，都源自不同的人性假设，中国的道德教育为人们追求至善和崇高的道德境界。而西方对于人性的假设，则最终成为西方人追求人性自由和激情的合理性根据。

二、中西方道德虚构的基本问题

对于德育研究、德育实践来说，厘清伦理与道德之间的边界是一件难以想象的事情，樊浩教授认为二者存在哲学上的不同，伦理在解释人与伦的关系，而道德则是解释人与理的关系，本书没有试图解释二者之间的关系，文中也许会出现"混搭风"，尤其是涉及中国传统道德的部分，常常存在伦理与道德同一的问题、道德主体建构的问题，对此本书希望能够竭力向道德之理的方向靠拢，而不越界。"当代中国伦理发展与道德建设的最为深刻的难题，不是关涉伦理观念、伦理生活和伦理关系方面的重大改变，而是关涉伦理本身，关涉人们对伦理的观念、理念和信念，即人们对'什么才是伦理''如何达到伦理'等哲学规定方面的根本性改变。"②

---

① [英] 以赛亚·伯林著 . 浪漫主义的起源 [M]. 吕梁等译 . 南京 : 凤凰出版集团译林出版社 ,2008.17.

② 樊浩 ."伦"的传统及其"终结"与"后伦理时代"——中国传统道德哲学和德国古典哲学的对话与互释 [J]. 哲学研究 ,2007.6.

（一）关于道德虚构的相关研究

1. 中西方道德虚构历史的基本概况

道德虚构是人类古代文明的一大特色。“唯有通过虚构的道德英雄，我们才可获得生命跋涉的方向，才能拥有生活行动的目标，才可具备自我人性塑造的蓝本。”[①] 中西方文明史中的荷马史诗、希腊神话、三皇五帝等知识形象是人类最早的道德典范虚构，无不体现了道德虚构的特征。这种道德虚构典范主要通过虚构的方式塑造道德英雄，使其成为现实生活的榜样和后世道德行动的楷模，所以，如果说上帝或者神创造了人，人则是按照自己设计或者虚构的道德形象创造和赋予了人性，创造了人类自己的善恶观乃至道德谱系，因此，简而言之，早期道德虚构的目的，就是使生物转变为道德人。

在历史的漫长进程中，从古代到现代，中西方在远古时代所虚构的道德精神典范、道德体系，以及后世人群所体现出的巨大差异。以今天的眼光反观历史，西方社会和中国社会所形成的道德谱系表现出异样的发展状态，导致道德及道德教育表现出不同的发展格局。唐代兴将这种差异归因为先祖们在“使人成为人”的虚构类型的异同。西方的道德虚构由哲学家完成，他们在把道德精神虚构成为道德典范时，选择了“使人成为目的的人”[②] 为依据来进行道德虚构。他们根据生产生活所积累的知识文化需求，以及生产力和文化的再发展，根据人性塑造的需要虚构出了公共道德英雄。这些被虚构出来的所谓公共道德英雄，具有典型的海洋文明、游牧文明的特征，不属于某种权力，不属于某个阶级，不属于某个肤色和宗法，而被全社会所有人所共享、全民族所共有，进而成为整个民族文化创生的聚合力。我们的祖先则在农耕文明的影响下选择了以“使人成为手段的人”[③] 为依据虚构了自己的道德典范。

站在中西方文化的源头审视，在西方文化的发展历程中，经历了以关注自然为中心向以关注人为中心的方向转化这一过程，因而，其最终形成的道德典范虚构是以“神—人”为对象目标构建的。而中国文化的源头进程中，其关注的中心始终是伦理、人伦，这种文化方向和价值取向，最终形成了“神—王”为对象的

---

① 唐代兴，左益．先秦思想札记 [M]. 成都：四川出版集团巴蜀书社，2009.20.

② 同上．

③ 唐代兴，左益．先秦思想札记 [M]. 成都：四川出版集团巴蜀书社，2009.21.

道德典范虚构。唐代兴认为：以“神—人”为对象构成了西方古代文明中道德典范虚构之基本视阈；以“神—王”为对象目标构成了中国古代文明中道德典范虚构之基本视阈。

“神—王”道德体系的最终建构，经历了三个阶段的逻辑发展。之所以中国上古文明所虚构的道德典范体系分三个阶段，是因为在整个道德虚构体系中，人类历史经历了三个重要的历史变迁，我们的祖先们经历了从渔猎社会向游牧社会、神守时代、社稷守时代的漫长挺进，最终使得这些道德英雄人物之虚构创造转变为现实。第一个阶段是对“三皇”的道德典范虚构，即燧人（女娲）、伏羲、神农（自《尚书》）；第二个阶段所虚构的道德典范是“五帝”，即黄帝、颛顼、帝喾、尧、舜（自《大戴礼记》），当第二个阶段的道德典范虚构成熟，并与第一个阶段的道德典范虚构成为“三皇五帝”体系后，就进入了第三个阶段，即对禹、汤、文、武、周公等进行道德典范虚构，经历了夏、商、周三个时代。“其黄帝至舜、禹，皆同姓而异其国号，以章明德”；[①]“耕稼一端，成为社会中至大之因缘。……自游牧社会，改为耕稼社会，而社会又一大进。……于是更有暇日，以扩其思想界。且以画地而耕，其生也有界，其死也有传，而井田、宗法、世禄、封建之制焉。”[②]神农的卓越，为以后的五帝、汤、文王、武王、周公等道德英雄、典范之虚构创造逐渐丰满与实在提供了借鉴。

梳理上古时代的神、圣之王我们发现，历史所记录下来的最重要的东西，不是他们攻城略地的功绩，也不是对于推进社会进步的发明创造，而是在于其道德，或者说我们看到的这些先王，他们的不世之功是完全建立在他们高尚的德性和德行基础上的。可以说，从远古时代，我们的道德文化便是通过道德典范、道德英雄的塑造、张扬而得到生生不息的创造与传播。

2. 道德典范虚构与道德典范体系虚构

研究者们认为：道德典范的虚构与道德典范体系的虚构二者有着重要的联系，却又存在着根本不同，简而言之，道德典范的虚构是指对个体的虚构，可以任意为之，比如我们在日常生活中所看到某个道德典范甚至被神话的现象。而道德典范体系的虚构或者说道德典范群体的虚构，则需要遵守共同的规则，否则很难称之为体系。因此，中国古代道德体系对后世文明和现代道德都起着引导与规训作

① 史记·五帝本纪

② 夏曾佑. 中国古代史 [M]. 石家庄：河北教育出版社 ,2001.17.

用，就在于中国古代道德典范是成体系虚构的，这个体系奠定了我们中华文明道德体系的核心价值，也成为我们认识世界的根本思维与认知模式。

我国古代的道德体系是统治阶级的道德典范体系，这样的道德典范体系表现出来的道德实质是政治主义、或者说是专制主义的。因此带来的问题是，在当今时代，政治与社会价值取向的变迁，同样的道德观念是否能融入我们的道德虚构体系，或者说，如何剥离包含专制本质的古代道德思想，而又不陷入西方主客体二元分离的境地，成为一种外在的规范，而不失去中国传统道德内生的精神，是本研究渴望解决的问题。

对于先秦时期的道德也有不少的研究，晁天义博士的《先秦道德与道德环境研究》，① 张继军博士的《先秦道德变迁论》，② 夏忠龙博士的《先秦伦理思想研究》③ 等论文通过对先秦伦理思想的深入挖掘，结合当代中国的伦理道德状况以及全球化背景下人类所普遍遭遇的一些伦理和现实问题提出了自己的认识。从文献梳理可以发现，对于传统道德中的先秦道德典范虚构有相应的研究，而从传统道德的道德虚构角度来反观整个传统道德体系的研究较少，从古代从道德虚构到传统道德体系的完善来解读现代德育的研究较少。

3. 道德虚构与道德榜样的相关研究

（1）对于道德榜样的相关研究

榜样教育由来已久。在不少的研究成果中，二者并没有多少严格的区分，在众多定义中，相关概念经常混同使用。《教育学辞典》中定义榜样是用他人的好思想、好行为、好道德来影响学生的德育方法之一，这个定义主要指的是学校榜样教育，笼统的他人并未指定榜样应该具备的特征。这个定义中，榜样被限定为影响个体社会化、同个体有直观交流的人群，如父母、老师、同伴的行为。

更多的榜样定义则比较宽泛，已经出现泛指所有可以作为榜样的人或者行为。如胡守棼教授认为“榜样示范法是教育者以他人的模范行为和英勇事迹来影响学生的方法。”④ 胡教授的定义虽然定义了榜样应该具备的特征，但是却将道德榜样和其他行为混同接受。

① 晁天义 . 先秦道德与道德环境研究 [D]. 西安 : 陕西师范大学 ,2006.

② 张继军 . 先秦道德变迁论 [D]. 哈尔滨 : 黑龙江大学 ,2006

③ 夏忠龙 . 先秦伦理思想研究 [D]. 哈尔滨 : 黑龙江大学 ,2007.

④ 胡守棼 . 德育原理 [M]. 北京 : 北京师范大学出版社 ,1995.174.175

近代教育理论奠基人夸美纽斯认为:“儿童必须非常用心地避免不良的社交,否则他们便会受到传染。”[①]“父母、保姆、导师和同学整饬生活的榜样必须不断地放到儿童的跟前。”[②]夸美纽斯认为儿童就像猿猴一样,天性喜爱模仿他们见到的任何行为。美国心理学家班杜拉提出了著名的模范——强化为主的社会观察学习理论,通过一系列的实验证明了儿童模仿榜样的重要性。“榜样应该有正面和负面之分。”[③]即研究者们普遍认同有正面榜样和负面榜样的区分。从这个意思上理解,道德典范则完全是正面的,这是典范与榜样的基本区别。

(2)道德虚构是对道德榜样功能的延伸

夸美纽斯和班杜拉对于模范、典范的界定是教育界公认的科学定义,因此,对于道德榜样和道德模范来说,情感、直观和榜样行为的一致性是其概念成立的基础,而对于无实体的符号、媒介中的视觉虚构,以及媒体时代之前所发生的非直观的情感感受模仿,物理空间的无实体虚构而言,这样的概念显然是难以服众的,因此,需要用一个全新的概念来区别和扩大道德模范、道德榜样的定义局限性,而对于道德虚构主义理论的概念论域和虚构之目的的道德教育范畴来说,道德虚构无疑是一个比较理想的概念。

原初的榜样定义有价值区分,然而,随着农耕文明的解体、机械时代的过去,商工文明和信息化时代的来临,人们生活的世界发生了历史性的扭转,人们生活的世界越来越多的介入了空间和无实体的交流,人与人之间的直观存在、场域存在不再是惟一的情感互动方式。马歇尔·麦克卢汉(Herbert Marshall Mcluhan)认为,从农耕时代到机械时代,人类完成了身体在空间范围之内的发展与延伸,“我们正在迅速逼近人类延伸的最后一个阶段——从技术上模拟意识的阶段。在这个阶段,创造性的认识过程将会在群体中和在总体上得到延伸,并进入人类社会的一切领域,正像我们的感觉器官和神经系统凭借各种媒介得到延伸一样。”[④]在此,麦克卢汉所说延伸的改变是指与“身体的延伸”相对立的是“意识上的延伸”,然而,事实上,我们却依然在沿用过去的、陈旧的前时代的空间模式和意识思维来

① [捷克] 夸美纽斯 . 大教学论 [M]. 傅任敢译 . 北京 : 教育科学出版社 ,1999.168.

② 同上 .

③ Stable & Koomen.How self—construal level moderates social comparison effects . journal of personality and social psychology[J].2001(1).766.786.

④ [加] 马歇尔·麦克卢汉著 . 理解媒介——论人的延伸 [M]. 周宪法 , 许钧译 . 北京 : 商务印书馆 , 2000.20.

思考问题。信息时代的感觉和神经系统同媒介的交互关系，改变了传统的榜样与个体之间的直观，却也有别于教化者对于上古时代的虚构和对于无知者的虚假欺骗，而成为一种直观的虚构。“我们要用一切手段，使我们现存教育机构这一支离破碎的视觉世界顺利轻松地完成转折，否则我们就是傻瓜。”[①] 道德榜样和道德模仿面临着的便是这样的困境，在彼空间（符合或者受教者生活之外的地方）的存在，正在以间接的直观和他人称之为现实的面貌出现在人们面前。

鲍德里亚接着麦克卢汉的话语在其《媒介意义的内爆》（The Implosion of Meaning in the Media）一书中指出：意义的内爆首先是真实与虚构之间界限的内爆，媒介表征和现实的表征发生了混乱，在媒介中，真实和虚构都是以“真实”（视觉的真实）出现。鲍德里亚接着举例说：所谓的电视直播实质上是不真实的，或者说这一真实只能说是一种视觉中的媒介真实，因为这一切都经过精心准备。然而，这样的解读让我们不禁产生一些怀疑，如果说媒体时代存在真实与虚构的差别？那么在于媒体时代之前的时代中是否也存在或者存在过真实与虚构的差别呢，笔者认为答案是肯定的，因为媒体时代虚构的价值指向是让媒介的视觉、听觉受众相信，而在媒体时代之前的时代同样需要这种对于虚构的信任，于是便出现了虚构的道德模范和道德榜样。

柏拉图最早意识到道德虚构的德育意义。他一直期望构建一种德性社会（现实中国又何尝不是如此），但是柏拉图认为美德只能是针对少数人的要求，对于大众来说是难以企及的；然而，对于大众的美德教育可以通过编造道德谎言或者编造道德虚构，即通过“高贵谎言”告诉或者欺骗大众道德是可教的、美德并非偶然，而且“人人可以至善”。从现代意义的道德来讲，柏拉图所言的道德虚构实则是哲学上的编造。“‘美德是否可教’就意味着存在一种道德谎言或者虚构，即美德或许对大众而言不可教，但又不得不对大众隐藏，并且还要以高贵谎言的手法说道德可教。”[②] 在柏拉图看来，道德虚构是必须的，否则难以实现哲学（或者哲人）与政治（或者大众）的结合。柏拉图始终认为哲学家在求真，而大众或者政治却在关心正义和相对的好，因此，他对于哲学与政治的冲突，提出两种调和方式，一是哲学统率政治，二是隐藏真理，编造道德谎言，在列奥·施特劳斯看来，

① ［加］马歇尔·麦克卢汉著．理解媒介——论人的延伸 [M]. 周宪法，许钧译．北京：商务印书馆，2000.29.

② 潘希武．道德教育的现代性：西方的境遇与中国的问题 [J]. 教育学术月刊，2010.07.

柏拉图的思考是基于哲学如何能够在政治或者大众的认知中获得美好生活而进行的哲学追问，是针对哲学看而非大众的。

唐代兴、左益认为以“伦理—政治”为核心的哲学思想框架和价值导向，道德典范在这一时代以道德虚构的方式生成和定型。先秦思想不过是在这一个平台上对这样一种整体框架和价值体系予以了个性自由的时代化演绎，如以虚构的方式而塑造的道德英雄，使其成为人间现世道德生活的榜样和后世道德行动的楷模，如三皇五帝，其真实的历史形象不过是原始部落间争斗的胜利者，在后人的道德历史演绎中，人们则按照自己的需要进行虚构设计，将他们形象的变成了人性和道德的典范。

潘希武博士认为道德虚构与古典德性论所讲的道德谎言本质是相通的，其根本的道德教育价值基础在于相信“美德的可教”，因而道德虚构属于是“高贵的谎言”。[①] 现代西方道德教育通过降低道德的目标，建立起了以规范为主的公民教育道德体系，遵守道德规范成为西方道德教育的最主要内容，而放弃了以培养有德性的人、培养个体的美德为宗旨的古典德性论，他们将灵魂的净化和至善追求交给了上帝，因此，西方道德教育已经丧失了美德发展存在的基础，而表现为强烈的政治化倾向，其根本表象为道德权力和道德义务等的确立，因此，无论在其公共领域抑或私人领域的道德，道德虚构都失去了存在的根基。

本研究认为道德虚构是建立在美德可教的假设基础上，同古典德性论所言谈的道德谎言相比，道德虚构的历史具有二重性，即道德虚构具有虚假性和道德虚构是基于生活世界的提炼。就现实中国社会的政治环境和道德教育环境来说，道德典范一直是我国思想政治教育和思想品德教育的重要工具，意味着道德虚构有其存在的基础。

（二）对于传统道德教育研究的述评

“伦理道德在中国文明体系中肩负特殊文化使命，不只是一般意义上的人伦建构和德性建构，而是建构个体与民族的精神世界，包括个体生命秩序和社会生活

---

① ［德］列奥·施特劳斯．写作与迫害的技艺 [A]. 林国荣译．西方现代性的曲折与展开 [C]. 长春：吉林人民出版社 ,2002.207-225.（施特劳斯认为，柏拉图在其著作《理想国》《高尔吉亚篇》的写作意图中表现出了一种“隐微术”，即柏拉图在其思想表述中存在两种声音，一种是哲人的，一种是政治或者大众的，这样的写作体现了“高贵的谎言”，意味着其思想中存在直白和隐微的两种教诲。）

秩序，因而具有特殊的文明意义。”① 社会转型、文化冲突等词语的高频出现，以及长期以来关于中西方冲突的文化论争，都表明了传统与现代的矛盾不但是学术界关注的对象，也是当今社会现状的真实写照。自1910年蔡元培先生《中国伦理学史》出版以来，随着先秦、古代道德研究的深入，先后出版了由《中国伦理思想通史》《中国伦理思想史》《先秦伦理学概论》等，其中沈善洪、王奉贤合著的《中国伦理思想史》梳理了数千年来的伦理思想资料，从人性、道德起源、道德修养等角度深入分析了历史上各种伦理思想的时代特征、社会基础等，对于正确认识道德的社会作用，反思传统道德对于现代社会的道德建设都有重要的意义。

20世纪以来，传统道德的失势已经是不争的事实，中国在走向现代化、国际化的同时，传统道德的留去问题如同经济领域的争论一样。不但要承受着人类共同的道德发展困境，还需要面临着我们民族在现代化与后现代的冲击下自身民族文化的传承与更新问题。“中国文化便以伦理道德为核心，特立地造就、坚韧地绵延了一种独特的精神世界、精神哲学形态和人类文明范型。”② 一方面，传统文化的基因需要传统意义的支撑，而传统文化依托于传统伦理精神的生活化需求，无论从情感上还是文化上，传统都是不可也不能抛弃的东西；另一方面，城镇化的扩张、时代的发展、新技术媒体的出现、规范伦理体系的发展所带来的新的以法律为主要约束的规则体系，使我们在传统意义和现代生活间不断摇摆，走向了更深刻的精神困惑和精神迷惘。道德教育研究也在陷入同样的境遇，对待传统道德态度上，我们能够看到泾渭分明的拥趸者：彻底放弃传统道德而走制度伦理的路子和批判的吸收传统道德精髓。因此，对于传统道德教育资源的态度大致可以分为三种取向：虚无派、复古派与改革派。

虚无派：所谓虚无派指彻底抛弃中国传统道德体系中的一系列做法，摒弃中国传统道德，而全盘接受西方道德教育，通过降低道德目标，以规范为主的道德教育模式，进而应对现代性对于道德的冲击。这样的一种倾向实质是虚无主义思想，“对一切文化传统，都采取否定的态度，把所有历史上的文化、包括全人类的一切道德遗产，都视为过时的东西，统统予以抛弃。”③ 这种对传统的一切东西都持

① 樊浩．伦理道德：如何造就现代文明的“中国精神哲学形态”[J]. 江海学刊，2018.05.56-67.

② 同上．

③ 罗国杰．我们应当怎样对待传统——关于怎样正确对待传统道德的一点思考 [J]. 道德与文明，1998.1.

否定的态度，在中国近现代历史上都曾经发生过，更直观的行为是对于中国传统文化和历史文物等造成的巨大破坏，深刻的教训我们应该吸取。

复古派：如同中国遭遇现代性之前的长期传统，“恢复周礼”的态度是主流知识分子的共识。复古派与虚无派持完全相反的观点，坚持认为传统的一切都是好的，都要原封不动的继承下来，甚至应该匹配以相应的仪式、规则等等，这种思潮往往出现于反对当前社会中不合理的现状，或者新型事物的出现，比如在五四运动前后，作为对当时的进步思想的反动，复古主义的思想，曾经产生过十分有害的社会后果。复古派站在了虚无派的完全相反的角度，是一种保守的、甚至是古板、不知变通的思维方式。

改革派：上述两种思想虽然存在，但是在大多数人看来是激进和天真的，“道德传统成为新道德形成于发展的现实历史基础，即使是有崭新思想内涵的新道德，也只有从本民族的道德传统中找到‘思想支撑点’，才有益于新道德普及、推广和提高。”[①] 多数的研究者持此态度，即认可传统道德的重要性，却也认为传统道德需要经过现代诠释、解读，剔除其中封建、落后的思想，进而适应现代的文化与道德发展水平。

从文献梳理来看，在 CNKI 上按照主题输入“传统道德”一词，共得到 10670 条检索结果；按照篇名检索，共得到 3424 条结果；按照关键词检索，共得到 840 条检索结果。从年度发表论文状况来看，近年来的相关研究成果数量变化不大。可见，对于传统道德的持续研究状况比较良好。分析文献发现，对于传统道德虚构的研究相对较少，将道德虚构作为视角分析传统道德体系的研究相对较少，而将道德虚构视角分析的道德逻辑体系作为现代德育的分析工具的研究同样也是非常少的。其中林楠博士、[②] 姚剑文博士、[③] 聂玉霞博士 [④] 等通过对中国传统道德的历史承接性、道德维系等角度，深入研究我国道德发展的特质，我国近现代转型期间所遇到的深刻道德危机等问题，进而提出自己对于现代化进程中所导致的道德危机等困局的见解。而对于传统道德的现代转换、传统道德的研究范式、传统

① 王正平 . 中国传统道德论微探 [M]. 上海 : 上海三联书店 ,2004.7.

② 林楠 . 中国道德建设的历史承接性研究——传统美德的读解与转换 [D]. 长沙 : 中南大学 ,2007.

③ 姚剑文 . 政权、文化和社会精英——中国传统道德维系机制及其解体与当代启示 [D]. 苏州 : 苏州大学 ,2006.

④ 聂玉霞 . 论传统统治思想在以德治国方略中的价值 [D]. 长春 : 东北师范大学 ,2005.

道德在现代的诠释等问题，易连云教授、[1] 戚万学教授、[2] 刘铁芳教授、[3] 杨启亮教授、[4] 罗国杰教授、[5] 樊浩教授等都进行了详细的探讨并提出了自己的观点。

三、传统道德虚构及其结构

涂尔干指出："教育是年长的一代对尚未为社会生活做好准备的一代施加的影响。教育的目的就是在儿童身上唤起和培养一定数量的身体、智识和道德状态，以便适应整个政治社会的要求，以及他将来注定所处的特定环境的要求。"[6] 道德虚构的目标是树立道德典范、道德榜样，通过其带有的直观、形象的道德品质来矫正或规范人们的道德行为习惯，引导人们向着更高层次道德发展。因此，道德虚构的层次性就显得尤为重要。

"教育是年轻一代系统的社会化的过程。"[7] 系统的社会化意味着对年轻一代的教育应该遵从一定规律，现实道德虚构的层次性缺失是造成其困境的重要原因之一，所谓层次性是指现代道德虚构应该关注到个体认知能力和文化知识能力的发展水平，根据其发展水平的不同阶段进行分层教育。分析传统道德和传统道德教育的等级化和层次化特征，可以了解到它们是怎样对所有人施加道德影响的，既可以影响文化知识相对低下的底层劳动人们，同时也要对王侯贵胄、大夫公卿产生作用。

（一）传统道德教育层次性意义的丧失

作为传统道德教育的重要方法，道德虚构也同样因为其特殊层次性设计，构成了从道德规范到道德精神，从低级到高级的不断递进的道德典范模式。传统道德虚构的层次性可以通过传统道德教育的特点予以体现。

在泱泱数千年的中华文明史中，形成了伟大的中华民族精神，其中既有传统

---

① 易连云 . 传统道德教育研究的范式转换 [J]. 教育研究 ,2010(4)

② 戚万学 . 关于建构中国现代道德教育理论的几点设想 [J]. 教育研究 ,1997.12.

③ 刘铁芳 . 从独白到对话 : 传统道德教化的现代性转向 [J]. 北京大学教育评论 ,2004.1.

④ 杨启亮 . 中国传统道德精神与 21 世纪的学校德育 [J]. 教育研究 ,1999.12.

⑤ 我们应当怎样对待传统——关于怎样正确对待传统道德的一点思考 [J]. 道德与文明 ,1998.1.

⑥ [法] 涂尔干 . 教育与社会学 [A]. 涂尔干 . 道德教育 [C]. 沈杰译 . 上海 : 上海人民出版社 ,2006.235.

⑦ 同上 .

文化的不断积淀，道德在其中也发挥着巨大的作用，滋养着中华民族的繁衍与发展，并且形成了独树一帜的中国传统道德哲学，罗素在思考中国文明为什么可以经过历史的大浪淘沙，没有像其他文明沉沦，能够通过不断改良而得以幸存时指出："这与中国文明所包含的道德特质有关。正是中国的传统道德文化的影响和中华民族的生活实践，使'四万万中国人汇聚成这样一种强大的力量：坚忍不拔的民族精神，不屈不挠的刚强伟力，以及无与伦比的民族凝聚力'。"[①] 在罗素看来，中国文明中所包含的道德特质，不仅具有丰富而深刻的内涵，同时也是推动和影响中华民族生活实践乃至精神世界的重要力量。

1. 传统道德虚构极其重视道德教育的逻辑连贯

中国传统道德体现出等级化与层次性的特征。我们知道，孔子将"礼"提升到一个非常高的高度，认为周礼是最符合道德和人伦的标准，传统的道德关系就是根据所谓的"礼"而形成的道德主体间的等级化关系，并且根据这种设计形成了传统社会中的道德权力和道德义务，构成了带有封建社会特征独特的社会关系，其中带有明显的等级性、威权性、虚构性等，同时也带有调和等级矛盾的求和、权利与义务、变化性等特征。

现代伦理学和道德哲学认为，根据道德的结构特征分析，道德可以从价值形态、规范形态和秩序形态三个形态来理解，从道德层次上来看，则可划分为旨在将社会有序化的道德（即道德秩序）和超越性的道德（即道德精神、道德信仰）两个方面。在梳理中国传统道德的时候，我们可以发现其中蕴含的道德层次性，已经初具现代意义上所讲的道德层次特征。

传统道德具有等级性特征。传统道德中的等级性特征需要分析其道德的根本利益指向，道德的本质属性是为了人的生存与发展。人的存在样态可分为"个体""群体"和"类"三种样态，因此，道德也就需要分为为了个体的道德、为了群体的道德和为了类的道德。而在传统道德看来，所谓道德，必须是基于类的利益、特别是群体的利益，不存在为了个体的利益，或者更直白地讲则是为了个体的利益是没有道德性可言的，这样，也就更好解读传统道德表现出来的无我形态的道德。易小明教授认为："在封建专制的社会中，道德往往是由一些精英根据自己的理解抽象地总结一些行为规则，然后让一个执行机构去强制推行；这种自上

① 吴康宁. 教育社会学 [M]. 北京 : 人民教育出版社 ,1998. 202,206.

而下的专制运作模式不允许个体对之置疑。在群体主义即群体本位的社会中，当国家、阶级等群体之间尖锐对立时，个体只有投入群体才能获得生存空间，社会必然以群体为本位，因而其道德也必然是强调对群体利益的服从。”[①] 传统社会特殊的生存环境和生产关系，最终形成了等级化的道德关系。传统道德中的等级性表现为道德主体之间的交往关系的不平等，也就是说不同的道德主体所需要遵守的道德标准是不同的。我们可以从传统道德关系的三个原则来分析其中的等级性特征：即尊尊、亲亲、贤贤原则。

其一，尊尊原则是指在人们交往的过程中道德的不平等性，即道德不是与事情本身，或者说道德不能够对每一个人都起到普遍的、平等的道德价值，人们不能将自己的对他人的道德上的尊敬和敬仰，以及由此而得到的相关利益平等的给予交往者。而是与政治权力、宗族地位的挂靠，在政治上或者宗族中越有权势、或者说地位越显赫，便可以更多的得到由道德带来的利益。简而言之，就是要求道德主体在行事或者言谈的时候，需要按照他所面对的不同的道德关系主体在政治和宗族中的尊卑、贵贱程度来不平等的分配他的情感和资源。这一原则不仅是个体之间交往所需要遵循的，同时也深刻的影响到国家制度和国家运行之中。如我国古代中对于政府官员和皇族每个朝代车舆与服装的规定，假如有人越级乘坐或穿戴与已身份不符的服饰，不但是不道德的，往往可能会被认为是忤逆与谋反。尊尊原则的本质是趋向政治和利益的，人们在交往过程中所遵循的道德是极为不平等的，同时它与我们日常所言谈的平等待人的交往原则更不同甚至不可相容的。

其二，亲亲原则广泛的存在于家庭和家族之中，即与自己关系或者血缘越接近，则可以获得道德主体的资源越多，这与中国农耕社会特点以及按照家族居住的特点是相通的。“亲亲原则强调在交往中某一或某些交往着的道德关系主体不应把自己仁爱或亲爱的情感以及相关的资源平均地分配给其他道德关系主体，而是应当根据待交往者与自己血缘关系或准血缘关系的远近来分配自己的亲爱或仁爱的情感以及相关的资源。”[②] 亲亲原则之内的亲属之间有约定俗成的道德规范，而出了这一范围，或者说根据亲亲之内的亲缘远近，具有不同的道德等级。

其三，贤贤原则同样是一种不平等的交往原则。主要强调道德关系主体在交往中，按照对方交往者的素质（个人素质指其的才智、品德和文化修养）的不同

---

① 易小明 . 从传统道德观的认知失误看“为个体道德”生成的艰难性 [J]. 哲学研究 ,2007.06.

② 高恒天 . 中国传统道德关系的特点 [J]. 伦理学研究 ,2008.01.

来分配和区分道德关系主体所具有的情感和资源，也就是说，才能卓越者和品德高尚者应该获得他人和社会的更多利益与资源，并且每一个人和社会都应当遵守这一原则。

传统社会中的这三个原则共同作用，使得道德关系的等级化成为被人们所理解和接受的常态，在高恒天教授看来，“同样一个人，他与尊者之间的道德关系要重要于与相对卑者之间的道德关系、与亲者之间的道德关系要重要于他与疏者之间的道德关系、与贤者之间的道德关系又重要于他与不肖者之间道德关系。”[①] 造成道德关系的亲疏不同的根源在于道德的不平等性，个体所享有的道德权力和付出的道德义务是不匹配的，道德权力可能被关系双方中的某一方主体独立享有，却可能无需承担任何相应的道德义务，而交往的另外一方则处于完全的道德义务状态，造成道德权力和道德义务的极化现象。

传统道德具有“道”与“德”顶层设计的层次性保障。古人们将本体论上虚无、神秘，难以理解的道德理想，通过古代思想家们的不断探索和改良，形成了从抽象到具体的层次性传统道德，不但反映了古代人们对于社会、自然的认识，同时也是传统道德生命力持久的原因之所在。当代著名法学家博登海默指出：“在道德价值的等级体系中，我们可以区分出两类要求和原则。第一类是社会有序化的基本要求，即维护社会最基本的生活秩序的道德。第二类道德包括那些极有助于提高生活质量和增进人与人之间的紧密联系的原则，但这些原则对人们提出的要求远远超过了那种被认为是维持社会生活的必要条件所必需的要求。”[②] 传统道德的层次性主要表现为两个方面，分别是维护基本生活秩序的规范性、秩序性道德和本体论上空虚无形却又妙用无穷的高层次道德要求。用博登海默的话来理解就是，前者是维护社会有序的“工具箱”要求，而后者则是古人们为了满足自我更高的道德理想和精神性追求，而对天道、至德的追寻的过程。

传统道德中的“道”与“德”分别具有不同层次性特征，古代思想家们对于两个词语的解释和演绎，体现了他们对于道德规律的认识。“‘道’是指人的一切行为应当遵循的基本的、最高的准则；既指人的自然本性，也包括社会的道德伦理规范以及群体的典章制度、组织原则等等。‘德’则指人对‘道’的领会与理解，是指人的德行、品德，是对合理的行为原则的具体体现。”通过对于道与德二

① 高恒天 . 中国传统道德关系的特点 [J]. 伦理学研究 ,2008.01.

② 刘云林 . 道德的结构、层次与当代中国道德建设 [J]. 探索 ,2005.06.

者关系的理解，我们能够更清晰的理解传统道德的层次性特征。[①]“‘道’是中国传统哲学范畴系统中的一个核心范畴，是一个具有多层次、多结构的整体结构。”[②]古代人们对道的理解有几个层次：“道冲而用之或不盈，渊兮似万物之宗。”[③]“道，可道，非恒道。”[④]这是最高层次的道德，道德似玄牝之门，居于自然现象之外，只能通过个体的不端领悟与理解才能领略其奥妙；“立天之道曰阴与阳，立地之道曰柔与刚,立人之道曰仁与义。”[⑤]古人们通过对于事物的长期观察以及探索事物之间的联系，寻找其发展变化的规律，将人伦之道与自然之道相结合，进而将玄妙的自然之道直观、具体地呈现在人们面前；孔子曰：“志于道，据于德，依于仁，游于艺。”[⑥]在孔子看来，这是规范意义上的道，德是人们对于道的理解，而到了被当作道德的至高境界，可以通过艺来表现仁，由仁来彰显德，最后通过对至德的追寻而达于道。在古人看来，德是追寻道过程中的不断实践，是对于道的理解和把握，而这种理解和把握必然是与认知和能力相关的反映，道德便具有了层次性的具体表征。

2. 能够对不同文化层次的人进行道德教育

传统道德表现出来的鲜明的等级性和层次性特征，传统道德教育也表现出同样的特征。古代思想家们将道德教育和国家、君王紧密的联系在了一起，尊君即是爱国，爱国即是有道德，而有道德则需要按照圣人的标准来约束自己，比如管子曰：“礼义廉耻，乃国之四维，一维绝则倾，二维绝则危，三维绝则覆，四维绝则灭。倾可正也，危可安也，覆可起也，灭不可复错也。”[⑦]也正如一些学者们所言，在历史中的大部分时间和大部分人，都是这样看待传统道德价值的，“礼义廉耻之感，仁义礼智之教，是中国文化的根本精神与核心价值观，是最为根本的价值体系，而不属于哪一个人私有！凡有国有天下者，凡经国治世者，皆可以用之。”[⑧]诚然，传统道德教育中有着诸多值得后人学习和借鉴的精华，但是在现代讲求探其原因，追究根本的对话模式来说，传统道德教育能否经得住现代性的“苏格拉

① 易连云 .‘道’、‘德’的层次性与学校德育改革 [J]. 高等教育研究 ,2003.03.
② 同上 .
③ 道德经 .
④ 同上 .
⑤ 易传 .
⑥ 论语·述而 .
⑦ 管子·牧民 .
⑧ 司马云杰 .《道德本体论》自序 [J]. 美与时代 ,2010.03.

底诘问”，笔者认为是非常值得深思的问题。

(1) 传统道德虚构的三个层次

道德教育的层次，即通过道德教育的方式达到道德境界的过程。一般来说，研究者通常将道德教育的层次性同道德的层次性相等同，传统道德被作为两个层次存在，因此道德教育也常被认为是两个层次，即作为行为规范的道德和作为更高道德精神追求的道德。笔者认为这样的分层是不妥当的，忽略了一个基本的事实，即道德教育所要面对的是具有不同认知水平的个体。传统道德教育中虽然带有落后的等级性思维，但是，古代思想家和权威们根据个体的认知发展程度不同，构建的富有层次性的道德教育体系却值得现代道德教育学习和借鉴。在此，我们姑且抛开造成等级性差别的政治原因，以及道德教育过程中主客体之间的关系如何，而采用一种发现的眼光，透过重重暮色，查看传统道德教育是怎样因人而异、对于不同阶级、阶层的人实现了道德教育的目标。根据传统道德教育中所面向的不同主体的人群特点，可将其从三个层面进行分析。

第一层次，对于认知程度较低的儿童，或者文化知识相对低下的普通民众，姑且称之为以规范为主的较低层次的道德教育，其道德教育方法多为口耳相传的谚语，《三字经》《千字文》等耳熟能详的道德语句，或者千百年来戏剧中表演的、祠堂中供奉的具有道德教育作用的形象，总体说来，受到认知能力的局限，这一层次的道德教育多属于直观性的道德教育，或者称之为小人之学。

第二层次，对于已经掌握了一定文化知识的群体，但是还不具备大人之学的知识能力，这一层次的个体在当时基本属于物质条件比较富足，或者说处于政治体系的中下阶层。孟子讲“可欲之谓善。有诸己之谓信。充实而有光辉之谓大，大而化之之谓圣。圣而不可知之之谓神。乐正子，二之中，四之下也。”[①] 孟子认为乐飞子的道德境界在善与信之中，而没有达到大、圣、神的境界。可以说，这一层次的道德主体主要在于强调个体的修身、齐家之中维层次的教育。

第三层次，则可称之为大人之学的道德。这一层次的个体往往是代表着当时较为优秀的人才，中低层次的道德教育已经无法起到道德教育的作用，或者说其本人便是中低层人学习的道德榜样，孔子将个体的道德境界分为小人与君子之分，而将君子又区分为仁人、贤人、圣人三个层次。那么，这一层次的道德教育就是

① 孟子.

引导其怎样仿效圣人之道，追求圣人之道，进而达到孟子所言之圣、神的境界。由于个体已经经过前两个层次的规训与熏陶，这一层次的道德教育已经超越了规范性的范畴，但是却依旧在按照整个道德教育体系的预先设计发展，个体对于道德境界的追求无法摆脱前人们对于天道、至德的思考，其价值思维已经不自觉的作为道德教育的卫道者，同时作为他人学习和模仿的圣、神。

总的说来，传统道德教育体系是将个体从基本道德规范向道德境界和道德理想引领发展的过程，几个层次间是互相递进的关系，同时高层次的接受道德教育的个体常常又会被作为低层次接受道德教育所要学习的客体，我们看到的道德虚构下的道德典范同样具有这样的特征。

（2）传统道德教育的规训与道德对话的丧失

传统道德教育等级性主要表现为以下的特点：其一，传统道德教育方法以规训为主导，道德主体道德观念的形成，并非出自个体的理性自觉。“颜渊问‘仁’。子曰：克己复礼为仁。一日克己复礼，天下归仁焉。为仁由己，而由人乎哉？颜渊曰：请问其目？子曰：非礼勿视，非礼勿听，非礼勿言，非礼勿动。颜渊曰：回虽不敏，请事斯语矣。”[①] 从孔子和颜渊的对话，我们能够清晰地看出孔子所言的道德教育思路，即道德教育是克己复礼的过程，其所谓的克己，不仅克制自我的其他欲望，而且要克制自己的理性，克制自己的怀疑，只有个体“请事斯语”才是符合道德教育过程的，道德教育的过程就是“用神圣的‘礼’来规训个体的‘视’‘听’‘言’‘动’，以至克（好胜）、伐（自夸）、怨（怨恨）欲（贪欲）不行焉，方‘可以为仁矣’”。[②] 而到后来董仲舒所讲的“存天理、灭人欲”，实质是进一步明确规训和教化合理性的做法，天理和人欲被当作互为矛盾的双方，只有个体无条件地服从，压抑自己的理性，才能达于对天道、天理的精神境界。

其二，传统道德教育中道德权威的单向度独白、道德对话的缺失。上述维度所讲的道德教育的规训，实质上是让个体放弃个体理性，并且绝对认可、承认道德教育所言谈的道德价值的过程，是传统道德教育方法使用的基础。“当孔子向儿子鲤说‘不学诗，无以言’，‘不学礼，无以立’《论语·季氏》)，鲤的行为反应是由‘趋’而‘退’去‘学诗’‘学礼’，这意味着鲤对孔子话语的无条件认可，即

① 论语·颜渊.

② 刘铁芳.从规训到引导：试论传统道德教化过程的现代性转向[J].湖南师范大学教育科学学报，2003.06.

孔子说的就是对的。孔子与儿子的话语显现其施教的基本话语模式，即孔子说‘P’，就是‘P’。”[①] 然后，随着威权性规训德育方法的一再强化，作为教化的主体不仅仅是孔子，还有更为神圣的天道、天子等各种代言人，于是道德教育的逻辑就成为“X 说 P，所以是 P”。[②] 传统道德教育的单向度独白，实质上意味着道德价值的一元性、道德教育过程的一元性，对于教化者来说，教化的最优结果是无论其主体是否在场，受教育个体都会无条件的遵守教化者制定的教育规则，而对于受教育个体来说，他们不需要回答和质疑，只需要被动地接受便是。正如罗兰·巴特所言：“发出话语，这并非像人们强调的那样是去交流，而是使人屈服。”[③] 其本质是传统道德教育中道德权威的单向度独白、道德对话的缺失。

（二）与现实生活脱节，自主道德理性忽视

调研结果表明，在中小学阶段儿童对于道德教育（泛指大德育，包括思想政治教育和道德教育等）的认可度很高，而到了大学、研究生阶段，其认可度却反而降低，这一思路体现的是普通民众对于德育目标的层次性审思。道德虚构同样难以经得住这样的推敲，因为就现实的道德虚构而言，古代丰富而严密的层次性结构已经难以适应现代的道德教育逻辑，而类似的层次模型尚未建构。

1. 层次性的消解与建立

通常来说，道德教育的调整是滞后的，意味着道德是在社会生活中多元价值的不断交融、冲突达到平衡过程中实现的，道德的发展变化是人类文明进步的一个重要因素。当一种价值力量在政治、经济或者其他原因的驱使下在价值舆论和社会发展中占有相对强势或者说主导权的时候，原有的价值平衡便会被打破，各种价值的确定性和正当性也可能发生变化，原有价值指导下的道德的禁忌作用在这个时期通常会出现松动，说明道德的作用和边界发生了变动。而一旦原有的强势价值观念在冲突之后无法保持相对的主导优势，这就意味着其代表的道德会发生较大的调整。在这些过程中，道德教育往往需要表现出双重的角色，既可能是维系原有价值观念的力量，也可能是构筑新的价值观念的助手。而这样的状况导致道德教育系统内部发生着不容忽视的变化。

---

① 刘铁芳 . 从独白到对话：传统道德教化的现代性转向 [J]. 北京大学教育评论 ,2004.01.

② ［日］近藤直子 . 有狼的风景 [M]. 廖金球译 . 北京：人民文学出版社 , 2001.54 .

③ ［日］罗兰·巴特 . 符号学原理 [M]. 李幼蒸译 . 北京：三联书店 , 1988.5.

现实的道德虚构便是处于这样的境地，一方面要维系传统文化中的道德虚构精神，却也要剔除其糟粕；另一方面，则需要根据现代的主流社会价值构建新的道德教育样本。相对于传统文化来说，其数千年形成的层次性、等级性价值体系对于维系古代的德政之体具有不可估量的作用，然而，介于调整和矛盾之中的现实道德虚构，其层次性却很难形成，进而造成道德虚构在各个文化知识阶层、道德需要阶层的威权丧失。

2.“单向度”的矛盾

现实的社会的主流价值是交流和沟通，而道德虚构的单一价值指向，以及其不容置疑的神圣性导致“单向度”矛盾的发生。赫伯特·马尔库塞在《单向度的人》中深情描绘了发达资本主义阶段的一个样态，是指人们对于资本主义所出现的诸多方面都给予了高度的肯定和认可，而不再具有批判性，变为单向的了。我们现实的道德虚构是否也是这样的呢？道德典范的出现通常都以政府或者至高道德形象的样态出现。如果说赫伯特·马尔库塞的“单向度”是主体的主动性表现，而现实的“单向度”则较为复杂了。

道德虚构之乌托邦愿景。道德虚构渴望勾勒出一种理想的道德画卷，代表着道德教化者美好的乌托邦愿景。古代统治者将道德理想作为士人精神世界的追求与寄托，故儒家一度被人称之为儒教，因其所达到的效果已经超过了学术争鸣的文化范畴。而现实世界无法将宗教作为个体的精神追求，于是再度上演了历史中的戏码，道德虚构出一篇美好的乌托邦景象。社会上存在部分典型的单向度道德虚构，即在我们树立一个道德形象的时候，通常将其树立为神圣、而且是从始至终都道德的标本，但是却放弃或者说逃避其不道德情形的发生，刻意维护和保护美德获得的必然性假设，其根源在于道德虚构与道德理性是相矛盾的。

道德客体只能作为无条件的信任者。所谓“单向度”的矛盾主要有三层意思：其一，就道德虚构作为方法而言，其本质是权力意志是价值体现，目的在于教化他人，因而，道德虚构的使用总是以自上而下的方式运用，即权力意志通过道德虚构维护和表达自己的道德理念。道德马尔库塞深刻地指出：“‘单向度的人’，主要表现在人的思想变成了‘单向度的思想’。现代社会的科学技术意识形态，对人进行了全面的操纵和控制,使人丧失了‘内心自由’和对现存制度的批判性。”[①] 按

① 付永昌 . 单向度人的教育之批判——以马尔库塞学说为中心 [J]. 教育评论 ,2009.01.

照马尔库塞的理解，一直以来，道德虚构作为一种方法，“单向度”是其固有的特征之一。其二，现实道德虚构中的威权意识导致其“单向度”的发生，无论在古代还是现代，道德虚构通常都是代表官方的意志，而作为与之相对的民，仅仅只是被教化和约束的对象。其三，现实道德虚构中的缺乏与学习者的有效沟通，表现为道德教育过程的“单向度”灌输，而非学习者与教育中共同愿景情感的共鸣。冯建军教授认为:“存在于主体之间的交互关系中，即存在于由‘你’‘我’组成的共同体中。作为对单子式个人主体的扬弃，它‘弃’掉了个人主体的自我中心化倾向，而倡导一种主体间的共同性，但还保留了个人主体本身的根本特征。……它以个人主体性的存在为前提，但又内在地统整了自我与他我的共在，强调整体地、共同地存在。”① 主体之间的交互关系是现代教育中去中心主义的主要，主体间共同性的感悟是教育效果发生的前提，“单向度”的教育方式已经背离现实教育理念太远。

四、传统道德虚构对现代道德虚构的影响

前文说过，道德虚构具有超时代的特征。而我国素以道德之邦自称，因而，批判与反思过往对于现实的影响和意义，便是对今天最大的负责任之言。所谓批判，主要是指评论已经发生过的历史的是非，言行(多指错误或贬义的)进行系统分析，其主要意义在于批评和否定，肯定的成分相对较少，本书对于传统道德虚构的批判，是采用哈贝马斯所谈的批判反思理论，“哈贝马斯以批判反思精神补充解释模式的做法，目的就是使解释学成为帮助人类借助反思摆脱现行统治、追求合理生活的规范方法。”② 哈贝马斯的批判反思解释学更倾向于实践向度，即对于现实生活的关照，在批判中结合现实生活的分析与功用，发展性的看到传统道德虚构及其问题。“教育体系是每个民族的民族意识、文化与传统的最高表现。”以史为鉴，能够反映现状的成因以及其后可能之发展。通过对于传统道德虚构的逻辑分析，以及构成其整体合理性的方法论、价值论和认识论等层面的批判反思，能够让我们更清晰的看到道德虚构是如何应用于道德教育，道德虚构功能有效性的基

① 冯建军，尚致远：走向类主体——当代社会人的转型与教育变革 [J] 教育研究 2005.01.

② 杨东东．从批判反思到话语沟通 [D]. 济南：山东大学，2010.

础及其内涵性弊病，进而为分析现实道德虚构的遭遇和问题提供有效的视野。

（一）主体的权力化倾向

主体论的英文翻译是“subject theory”，subject 用作名词主要指主观、主题，用作副词，则是指需要服从的事物，顾名思义，主体论是指将什么作为主要观念进而引导行为，自尼采而来，西方哲学从认识论进一步的发展到了主体论，承袭了黑格尔和康德的学说，以主体为绝对，构建了认识论和本体论相结合的具有认识能力与创造能力的主体，虽然不同的哲学流派产生了不同的主体论思维，如尼采认为意志是主体的绝对方式进而绽出世界，世界是由强力意志打造的，而存在主义则将此在作为主体，即将存在的发问者这样的此在作为主体，并且由此构建解读的时空和历史。本书所谈的主体论主要是指传统道德虚构的主体，其主体是谁？道德主体是否曾经作为道德虚构的主体，道德虚构主体的价值指向是什么。

1. 作为维护“话语道统”的道德虚构主体

我们知道，封建社会的特征是王权政治，强权政治的一般属性是只能允许一元性价值观念的存在，权力者掌握着惟一的公共话语权，而所有的公共话语必然是代表着一元性价值观念道统的理念和主张。尼采说：“为了使道德价值取得统治地位，必须有纯粹非道德的力量和情绪帮助。”① 权力者为了实现代表自己利益的道德价值目标，往往需要采用一些“非道德的力量和情绪”作为辅助，道德虚构就可以起到这样的作用，通过看似道德的方式来实现非道德的结果。因此，道德虚构的主体是代表这些价值目标和利益获得者的话语。

尼采又说：“对最强大、最可怕和最臭名昭彰的势力的神圣化，用古老的比喻来说：对魔鬼的神话。”② 传统道德虚构的主要功能在于封建式的道德教育以及维护王权道德理念的合理性与合法性，我们在读《二十四孝》的时候，会发现其中存在着的只有两种力量，当个体认知和能力无法左右结果的时候，道德主体只有顺从这两种力量或者将道德行为发挥到极致，这两种力量就会出现并且解决掉道德典范的苦恼，一种是神，代表着无上力量的神，还有一种则是王权。

当现代科学逐步消解了人们对于以前无法认知世界的恐惧，王权政治随着现代文明的出现而渐渐垮台，人们由道德恐惧产生的道德情感出现了裂缝甚至坍塌，

---

① ［德］尼采．权力意志（上卷）[M]. 孙周兴译．北京：商务印书馆，2003.317.

② ［德］尼采．权力意志（上卷）[M]. 孙周兴译．北京：商务印书馆，2003.5.

人们变得不再相信所谓的榜样。

2. 传统道德虚构下的部分道德典范主体不实

我们不可否认，传统道德虚构下的道德典范曾经产生过的巨大的道德激励作用，但是作为现代人来说，还原其本质，有助于人们更直观和准确地把握道德虚构的限度。作为维护道统话语权力的道德典范代表，无一例外都是权力意志精心打造的结果，既要表现出人们接受道德教育的必要性，同时也要体现代表权力意志道德价值精神的合理性。在这样的思路下，道德典范需要包含一些基本的要素，如统治阶级自身是道德的或者说道德的君王会得到更多的尊重；上流人士或者士大夫、公卿是有道德的；道德的普通民众会得到更多的利益和尊重。鉴于此，传统道德虚构下的道德典范主体的虚假性呈现出三个特征：

其一，虚构的其人其事，在诸多的道德典范中，如果进行“人肉搜索”，会得到一个让人惊讶的结果，其中的很多典范都是没有其人，二十四孝关于老莱子的虚构便是一个典型的例子，至今为止，老莱子是谁都是一个待解决的问题。“正如将‘肉麻当作有趣’一般，以不情为伦纪，诬蔑了古人，教坏了后人。老莱子即是一例，道学先生以为他白璧无瑕时，他却已在孩子的心中死掉了。”[①] 诚如鲁迅所言，这样的道德虚构是脱离生活实际的虚构，道德教育的同时已经失去了道德教育的意义。同时，一些带有神话色彩的道德故事，从唯物主义和科学的角度来审视，其虚假性不言而喻。

其二，伪造与篡改。《二十四孝图》与《孝子传》。(《太平御览》四百十三引）中都有关于郭巨埋儿奉母的记载，虽然结果是一样的，然而两本书的描述却有很大出入。道德虚构下的道德典范存在诸多的伪造和篡改，与前面所谈的虚假不同的是，这一类的道德典范涉及的人物在历史中是真有其人的，但是其道德之事多为伪造，或者说是篡改加工，将其他个体的道德行为加于道德虚构者需要虚构出的典范身上。

3. 道德虚构下的主体缺失生命

“把道德和生命等同起来的尝试……生命与道德的对峙，道德从生命角度受到判决和审判。”[②] 尼采认为当生命与道德对峙的时候，道德常常会站到生命的对立面，即很多的道德言谈是无生命的，即对于他人生命的漠视。传统道德虚构中的诸多

---

① 鲁迅 . 二十四孝图 . 载于朝花夕拾 (又名旧事重提)[M]. 西安 : 陕西师范大学出版社 ,2009.

② [德] 尼采 . 权力意志 (上卷)[M]. 孙周兴译 . 北京 : 商务印书馆 ,2003.317.318.

事例都存在这一问题。鲁迅先生在《二十四孝》图中写道：

“我所收得的最先的画图本子，是一位长辈的赠品:《二十四孝图》。这虽然不过薄薄的一本书，但是下图上说，鬼少人多，又为我一人所独有，使我高兴极了。那里面的故事，似乎是谁都知道的；便是不识字的人，例如阿长，也只要一看图画便能够滔滔地讲出这一段的事迹。但是，我于高兴之余，接着就是扫兴，因为我请人讲完了二十四个故事之后，才知道‘孝’有如此之难，对于先前痴心妄想，想做孝子的计划，完全绝望了。”① ——《朝花夕拾》鲁迅

正如鲁迅先生所言，在正统的道德典范中（有书记载的应该属于正统吧)，尚且存在这样“鬼少人多”的描述，那么口耳相传、野史杂说中的道德典范形象就更难以想象了。

（二）价值的道德性原则缺失

一般来说，价值关系被当作是一切社会关系的核心内容，价值论也一般被认为是社会科学的基础理论。从价值论层面厘清一种研究的内涵，对于其自身的生存与发展具有重要的意义。

对于传统道德虚构的价值论批判，有助于帮助人们以历史的眼光审视今天的道德虚构中是否存在与过去的价值趋同，甚至是变异的价值趋同。

1. 功利性、“纲常”道德指向

在现实的生活中我们经常会听到诸如此类的教育评论：“教育功利化导致的另一个结果是挤压了道德的生长空间。我们常常看到这样的现象，当中学思想品德课与数理化课发生冲突时，学校会毫不犹豫地砍掉品德课；在大学，技术性课程比思想政治理论课更受到实质性的重视；在各类评奖中，成绩永远是第一位的，而道德评定成为一个必备的装饰。”② 教育的功利性表现为对于主流追求——分数的盲目追求，或者说其最终结果的价值追求表现为功利性。

传统道德虚构的功利性表现为两个层面：其一是道德虚构目标的功利性。道

① 鲁迅 . 二十四孝图 . 载于朝花夕拾 (又名旧事重提)[M]. 西安 : 陕西师范大学出版社 ,2009.

② 刘亚军 . 关于道德冷漠的教育思考 [J]. 教育评论 ,2013.01.

德虚构的目标只是被作为宣传某种道德价值理念而存在，一旦某种道德价值理念失去权威，相应的道德虚构也会失去作用，如对于维护三纲五常等伦常体系的道德虚构等；其二是道德虚构人物典范的功利性指向。翻看《二十四孝》中的道德虚构典范，无一不是代表权力意志的道德人物刻画，如对于老莱子的虚构，道德虚构者刻意地将老莱子勾画成遵守儒家伦理道德的形象，进而表达道家与儒家的层次、渊源，甚至也表达了二者的地位之争。

道德教育的功利性既是历史的产物，也是现实的矛盾，而作为儿童道德模仿的道德虚构而言，似乎应该保持其最基本的道德性原则。

2. 公共道德价值与个体道德价值模糊界限

与现实遭遇相类似，传统道德虚构同样体现出对于公共领域道德价值的忽视，但对于个人领域的道德却干涉颇多，也可以说传统道德虚构中对于公共领域道德价值和私人领域道德价值没有严格的区分。

从道、德的文字演化过程可以看出，道德一词含有特别的意义，而且主要指的是个体在与自然、他人交往的过程中内心应当重视和恪守的准则和价值，而非与他人共同分享的东西。梁启超认为："私德是一个人得于内心的东西，因此私德是同私人的慎独的、反省的生活相关的，是一个人'独善其身'的道德，如'温良恭俭让''忠信笃敬''刚毅木讷'等等。"[①] 针对这些特点，现代人提出通过构建公共伦理规范来弥补其不足，因为伦理的最主要性质在于其相互性以及对于双方的作用。廖申白认为公共伦理是人们在交往出提出和形成的有效性要求，即"在交往中人们可以相互提出的、并且这种提出的行为本身可以得到有意义的理解的那些要求。"[②] 用公共伦理弥补道德的公共性缺陷似乎是一个可行的办法。然而，就古代道德与伦理的关系而言，以及现实生活中人们对于道德和伦理的不加区分，很容易造成二者的混淆，同时，人为的将西方的公共伦理"搬运"到中国，与中国政治、社会等特征相嫁接，依然是体用二者的交割，容易导致其"水土不服"的出现。

传统道德虚构中公共道德价值与个体道德价值界限的消除对现代的影响比较恶劣。首先其价值与公民社会提倡价值之间的矛盾，由于传统文化的保护及其影响，二者之间的矛盾很难消除；其次无界限的状况体现的是对道统的维护，即对

① 梁启超 . 梁启超全集 (第 2 册) [M]. 北京 : 北京出版社 , 1999.660.661.

② 廖申白 . 论公民伦理——兼谈梁启超的"公德"、"私德"问题 [J]. 中国人民大学学报 ,2005.03.

政治权力的维护，而现代主张的政治自由等理念，显然与之也是相矛盾的，是对现代政治理念的反对。因而，二者之间的无界限已经不再适应现实的道德教育实际。

3. 维护"道统"的工具

古代传统道德体系之所以影响中国数千年的历史，因为其有着相同的价值目标，即维护"道统"的价值取向。道德虚构所虚构的道德英雄之间同样蕴含着这一取向，体现了道德政治化的企图。

以王道为目的、民道为手段、天道为依据的政治设计形成了古代"道统"的体系。"中国上古所虚构的道德典范之所以既对上古文明的创建起着决定性的作用，又对后世文明演化发展形成根本性的引导和规范作用。就在于这一时期通过虚构创建了一个道德典范体系。"①

在对古代圣贤道德虚构中，我们都能看到其为民、亲民的内容，如对于尧舜"无三夫之分""无咫尺之地"的道德虚构，以及对于大禹治水三过家门而不入、周文武王天命即民意的道德虚构，都体现了民为邦国之本的基本政治思想。然而，仔细研究可以发现，这些以天下为公、无私奉献的英雄主义的道德典范体现的道德价值取向，共同构成了王权主义的内容，其道德虚构的目标在于维护统治者的至高道德形象。民道与天道只是王道的解释甚至是注释而已，民道道明了王道实现的途径，而天道道明了王道合理合法性的理由和根据。

（三）方法逻辑缺失

方法论是指导人们认识世界与改造世界的哲学概念，是一种以解决问题为目标的系统。通过对传统道德虚构方法论视角的反思，能够让人们更清晰地了解传统道德虚构的构成方式，进而判断其对现实道德虚构、和现代道德教育的影响。

1. 从抽象到具体

抽象到具体是指将原本不存在的抽象性想象，通过人为的道德虚构方式，植入代表权力意志的价值理念，并将其塑造成为具体的"有血肉"的道德典范。而在现实的道德教育中，抽象到具体主要指的是将权力意志所认可的价值理念，通过道德虚构的方式，塑造出相应的道德典范形象。而再到"抽象的具体"，指的是

---

① 唐代兴，左益 . 先秦思想札记 [M]. 成都：四川出版集团巴蜀书社，2009.32.

在抽象到具体的道德形象塑造完成之后，为了实现道德形象的至善以及威权性，再通过植入超自然等内容，将其最终虚构成超越常人而道德至高的完美形象。

从抽象到具体、再到“抽象的具体”的道德虚构方式，在上古时期的道德典范虚构中运用颇为广泛。可以说，后人对于他们的道德虚构，既构成了中华道德文明体系的基本框架，也形成了天佑神授、王权神圣不可侵犯等维护政治权力掌控的权力意志结构，对华夏数千年的封建帝制以及道德统治有着不可估量的影响，甚至可以说，华夏文明的根源在于此。进入现代之后，随着知识和科技与普通人之间距离的缩短，以及实用主义等思潮的兴起，此种道德虚构对人们已经难以起到道德教化的作用。

总而言之，这一道德虚构方法很难经得住人们理性的推敲，与学习者的认知能力水平等密切相关。

2. 从具体到抽象

从具体到抽象是指将原本存在的人、事或者人和事，通过道德虚构的方式将其塑造为更高尚、神圣的形象。“正像有人所指出的，杨家将的故事，其中很多英雄人物虽不是历史上的真人真事，却反映了宋元以来汉族人民奋发御侮的历史精神，”[①] 据史料记载的杨家将只有寥寥数语。后人为了表达作为遗民的不满与怀念而虚构的形象。再如“二十四孝”，其中的不少故事人物是真实的，确有其人，然而其事却是虚构。

从具体到抽象的道德虚构方式反映了“历史的内在本质。”[②] 即道德虚构的目的是为了表达某种权力意志的价值本质。

3. 文学虚构与道德虚构的交织

在古代的王权社会中，统计阶级独自占有着舆论权力，意味着社会中只能有一种声音，即代表王权利益的话语。道德虚构也有着同样的表现，在古代社会中，士人对于道德精神的解读，一般来源于历史记载（焚书坑儒、文字狱等等的发生历史告诉我们，信仰和权力只能是代表王权的声音），而普通民众阶层对于道德虚构的理解则是通过戏剧、口耳相传的传说得来。因此，古代的道德虚构存在着文学虚构与道德虚构交织的状况。即古代通过对于历史人物的道德虚构刻画，刻意的涂抹了部分历史线索，使其成为符合传统道德的形象。伽达默尔指出：“真正的

---

① 王爱松 . 虚构的可能性及其限度 [M]. 北京 : 人民文学出版社 ,2007.186.

② 李希凡 .“历史知识”及其他 [J]. 戏剧报 ,1962.06.

历史对象根本就不是对象，而是自己和他者的统一体，或一种关系，在这种关系中同时存在着历史的实在以及历史理解的实在。”[①] 按照伽达默尔的理解，我们看到的历史对象或者道德样本，可能不只是个体本身，而是某些精神，或者其他个体精神在一个人身上的具体化，从道德虚构的角度来说，古代的道德虚构个体不只是某个具体的人，而是代表着某种道德精神的体现。

文学虚构与道德虚构的交织对于现代的道德教育产生了深远的影响，陈寅恪在《中国哲学史审查报告》中讲到历史真实与否的影响时讲道：“然真伪者，不过相对问题。而最要在能审定伪材料之时代及作者而利用之。盖伪材料亦有时与真材料同一可贵。如某种伪材料，若径认为其所依托之时代及作者之思想，则变为一真材料矣。”在陈寅恪看来，真假史实的辨别无关乎其材料的真伪，而在于是否能够寄托时代的精神和作者的思想。进入现代以来，随着多元文化的产生，其他媒体的出现，文学有了更多的表达方式，文学开始逐渐的脱离政治的控制，文学虚构与道德虚构开始出现了逐步的分化，但是文学虚构在一段时间内和现在依旧保持着一定的道德教育的姿态，我们从追星崇拜等现实现象中总能发现一些线索。同时，文学虚构的逐渐退化和消解对道德虚构同样也有着一定的冲击，道德虚构的现代传播往往与文学虚构共处于同一媒介，这样，人们在对文学虚构质疑的同时，道德虚构的质疑也就产生了。

造成现实道德虚构困境的原因是复杂的，既有现代价值多元带来的价值冲击，也有道德教育与时代发展的矛盾，但更多的却是传统道德虚构中的道德主体、方法、价值导向等内容对于现实的影响。中华民族重视和传承道德教育的传统，对于华夏文明的保护具有重要的意义，然而，其中带有的一些封建的、落后的思想内容则应该扬弃，不承认过去是对历史的背叛，而不反思过去则是对未来的不负责任。

---

① ［德］伽达默尔 . 真理与方法 (上)[M]. 洪汉鼎译 . 上海 : 上海译文出版社 ,1999.384.385.

第三章　价值意义上的道德虚构

道德教育是道德概念之后的非先验存在，即道德和道德教育既存在逻辑上的顺序，也存在时间上的顺序。道德和道德教育之间需要一定的“媒介”，进而让本体虚无的道德被人理解和接纳。道德虚构是中西方历史上从未舍弃的道德教育范式，通过将抽象的道德理念形象化、具体化的方式，让人们认同道德的本质，接纳道德话语的重要意义，并且使之成为个体道德实践的学习样本。道德虚构具有道德教育价值向度、功利性价值向度以及趋向生活世界的价值向度。具有帮助个体塑造道德信仰的功能、维护道德教育的合理与合法性功能、促进与构建和谐社会道德秩序的功能。

一、道德虚构的价值向度

向度（Dimension）是一种视角，可以从多方位、多层次来确定一个事物的概念，价值向度指的是衡量事物价值有无、性质及其大小的根据。道德虚构的价值向度旨在通过其具体的特征和表现，进而澄清与还原道德虚构的性质，以及道德虚构的有用性限度，为当代道德教育中的道德虚构摒弃可能的价值偏移和方法失当提供借鉴。

（一）趋向生活世界的向度

从发生学角度来说，道德的基础是生活。对于社会个体而言，道德的目的是为了生活的需要，即通过道德，个体能够感受到精神生活质量的提高和生命意义的延伸。鲁洁先生认为：“道德存在于生活，生活是道德存在的基本形态……把道德理解为生活、生活的方式，澄清了道德的本质。”[①] 德和道德教育无法脱离于人的生活世界，人因为具有道德而更好的生活（从道德的时代性特征而言），好的道德因为关涉人的生活而有意义。那么作为道德教育的一种方法，道德虚构也就需要维护这种需要，即道德虚构趋向生活世界的价值向度。

传统道德虚构旨在引导人们“回归”现实生活，并且认可当下合理、形成某种确定性的生活坚守和幸福的自觉意识，虽然其关涉的生活，建构在政治、宗法和习俗等异化理念之下，其虚构对象所展现的思维逻辑体现非科学性、封闭性和局限性的特征，用现代的眼光来看，甚至丧失了生活的本意，但是，这仍然是人们生活的部分。传统道德虚构面向于个体的所有生活，混淆了个体的主体自觉性和义务性界限，形成了道德即无差别利他的逻辑悖论。现代道德虚构，则趋向于引导人们“建构”可能的道德生活。现代生活建立在科学的认知基础上，科学世界成为生活的重要部分，超越当下、面向未来可能成为“合目的的生活”。[②] 制度化进程促使私人生活世界和公共生活世界相区分，法律等规范性内容取代了部分公共领域的道德教育功能，科学化的社会生活设计逐渐驱逐了与之相左的道德谎言。因而，现代道德虚构所关涉的生活世界发生了巨大的转变，在公共领域形成了尊重科学和制度的样本，在私人领域形成了引导人们追求崇高德性的形而上体验。可以发现有两个特征：

其一是文明越发展，道德虚构越重视同生活世界的联系。这一点可以从古代不同文明时期的道德虚构表现进行验证，也可从古代和现代的道德典范呈现来辩证分析。如对于三皇五帝的虚构，由于古代政治体制的独特性，德政和德治是当时封建时代生活世界的主流观念，是消解阶级对立和绝对统治的工具，也是维护社会和谐、生活稳定的惟一途径，因此，三皇五帝的道德品质被当时的君王和臣民所追崇，但是，随着时代的发展，人们推崇的主流观念已经不再是德政，而转为其他的观念，这样三皇五帝就脱离了人们的生活世界，只是被当作学术研究或者是历史来追述，其所附带的政治性和阶级控制成为时代所憎恶的特点，而不能代表人们生活世界所遭遇的道德困境，因此，无论他人怎么呼吁和提倡这种所谓的高尚德性，都无法改变这种道德虚构典范消亡的结局。

---

① 鲁洁 . 德育课程的生活论转向——小学德育课程在观念上的变革 [J]. 华东师范大学学报 : 教育科学版，2005(3).

② 赵汀阳 . 论可能生活 [M]. 北京 : 中国人民大学出版社 ,2010:140.

其二是脱离生活世界越远的道德虚构，其阶级性和虚假性、甚至绝对性越强，而能够走进个体生活世界的道德虚构则越真实，更容易被人们所接受和传播，甚至成为超越时代的道德精神。如古代对于君王的神性虚构，和对于至孝等品质的愚孝虚构，从现代的眼光看来，与个体真实的生活世界相距甚远，而只是统治阶级为民众制定的道德意义，是统治阶级期望人们认可的生活世界，虽然在一定的历史阶段起到了道德教育的意义，但是却难以避免历史的筛选，无法成为超越时代的道德精神。这些建立在维护阶级利益基础上道德虚构，其根本意义不在于提升个体的道德境界，而在于控制民众的思想，进而约束其行为，因此附带着普遍的阶级性和虚假性。现代意义上的道德虚构，已经基本超越或者说试图超越这种阶级性，跟人们的生活世界相联系，如我们熟知的雷锋、李素丽、焦裕禄等等不同行业、岗位的道德典范，其所作所为都能代表普通民众的生活世界，也是人们能够实现的道德品质。本书将在下一个部分讨论现代道德虚构的特征。

（二）道德性向度

道德虚构应当具有道德性的向度。分析道德虚构的道德性问题，能够发现困扰道德虚构在现代德育中的发展边界，以及如何界定和发挥道德典范的道德教育功能。我们可以发现，无论是古代还是现代，道德性向度是道德虚构是否属于道德教育重要方法的基本价值向度，决定了道德虚构的德育效果，因此，任何的道德虚构都不能够回避和脱离道德性的范畴。

道德虚构的非道德性表现为，道德典范的德育目标指向不合道德价值性，所包含的德育内容缺乏认知性、合理性，道德典范蕴含的德育方法无法体现个体的主动学习，而是以威逼利诱、虚假为主线的思维。“从道德教育的发展史来看，我们的道德教育自古以来在目标设定上就一直存在着要求过高、过分理想化的倾向，即道德教育所要求人达到的道德理想过于崇高，一般人并不能达到；道德教育所追求的道德境界过于脱离现实，导致道德本身成为一种压迫人、压迫现实生活的力量。”[①] 从现代性的角度分析古代道德性典范的一些特征,我们可以发现上述非道德性道德虚构状况。

在梳理古代道德典范的时候，道德虚构的非道德性通常表现为两个向度：一

---

① 叶飞 . 论道德教育中反道德现象的发生机制 [J]. 高等教育研究 ,2008.08.

是道德虚构的权力性指向，表现为权力和道德的捆绑，即德优则仕、仕优则德的道德价值观念，体现的是封建制度下的王权和专制控制的思想，道德的意义反而被忽视，马克思在《关于费尔巴哈的提纲》中谈到的，“教育者本人一定是受教育的。因此，这种学说必然会把社会分成两部分，其中一部分凌驾于社会之上。”[①] 可见，阶级对立的道德是不公正的，是一部分人对另外一部分人的控制；二是道德虚构的迷信与盲目崇拜色彩浓重，甚至遮蔽了其中蕴含的道德意义，成为束缚个体自由的羁绊。道德虚构的道德性表现为：一是道德虚构的道德精神向度，儒家诸如科技修身等高尚的道德境界，直到今天依旧被当作道德的至高殿堂；二是道德虚构的人性向度，其中人性向善假设体现了道德虚构的自律、个体的内在追求，而人性向恶假设的道德虚构则是建立在规训、引导个体转向善的基础上，都体现了道德虚构维护和宣传道德的积极意义。

现代道德虚构出现过两种模式。一种是将道德虚构作为功能的承载者，具体方法就是将一些在自己岗位上做出过杰出成绩的个体塑造成道德典范，在此意义上的道德典范成为功能化的符号，道德典范的道德功能被弱化，而仅仅代表了各行各业的最高准则，职责和道德的意义被混作一体。田松谈到，现代人很大程度上是被功能化的存在，“我们所接触的，都是一些功能化的符号。”[②] 笔者认为，将职业道德、工作职责、道德相区分，是现代道德教育需要面对和解决的困境之一。当今时代已经基本失去了儒家所讲的崇高道德境界发展所需的土壤，人们在法律、制度和道德间不断地被约束和徘徊，做一个道德的人似乎已经不再具有原初的魅力，道德虚构需要还原原本的道德性价值指向。另外一种则是试图将价值观作为道德虚构的承载对象，这也是我党和政府构建社会主义道德体系的重要尝试，即通过道德虚构的方法，将具有社会主义道德信仰和践行统一的个体作为道德典范，对人们进行道德教育，虽然取得了一定的成效，但是也存在一些问题，这一点，将在本书的后面部分重点阐述。

（三）道德教育向度

毋庸置疑，道德虚构的首要价值向度在于道德教育。每个合理的心灵都具有自身的特定原则，即存在能够支配其主动性力量活动、且能感受到精神自由的方

① ［德］马克思，恩格斯．关于费尔巴哈的提纲．1888.

② 田松．被功能化的我们 [J]. 读书，2006.02.

式，成为人与他人交往的概念性统觉。传统和现代道德的话语主体发生了变化，传统社会使用了宗教图景的道德教化方式，而现代社会宗教图景的世俗化进程，将道德的权力还给了普通民众。

传统的道德虚构通过一系列的逻辑性构建和情感设计，实现了道德行为产生的必然，体现出古典时代道德的“集体意识”性。从道德虚构的教育对象来看，道德虚构需要面向的是除道德观念定义者——即界定道德的含义与内容的主体之外的个体。从道德虚构的德育内容来看，道德虚构的德育内容是以道德典范为承载的道德观念的体现。其根本的价值指向在于对权力的认可和维护，对德政合体国家体制的认可和维护，是严格地服从与从属伦常关系。

随着传统秩序的破裂，现代理性渗透到社会的各个层面，成为新的脱离宗教式道德教化的强制力量，现代道德虚构逐渐转变。正如福柯所言：现代性的实质仍然是控制与统治，虽然社会生活和组织模式的变化，但这些以主体和知识变化为内容的产物只是一种构造物。韦伯更加直白的指出：“我们这个时代，因为它所独有的理性化和理智化，最主要的是因为世界已被‘除魅’，它的命运便是，那些终极的、最高贵的价值，已从公共生活中销声匿迹，它们或者循入神秘生活的超验领域，或者走进了个人之间直接的私人交往的友爱之中。”[①] 现代性的“除魅”，实质是消除过去宗教式统治的绝对地位，逐渐地扩大了私人领域的范畴，除了将本就属于个人的权力重新归还，而这个过程中，宗教式的德性推崇价值也被殃及。现代性意义上的道德虚构，集体教化功能日趋式微，那些曾经代表至善、美德和天道等形而上的道德憧憬逐渐弱化。而涉及诸如正义、公平、平等新的道德教育内容，成为道德虚构的主要价值点。道德虚构的道德教育向度可以从以下几个方面来探讨：

首先，从道德虚构的德育对象来看。道德虚构需要面向的是除道德观念定义者——即界定道德的含义与内容的主体之外的个体，在古代，接受道德教育的主体几乎囊括全部臣民，而到了近现代之后，一般所谈的接受道德教育的主体则多指学生，受到西方文化中自由观念的影响，以及现代价值多元的出现，虽然，社会中还会不断地出现各种的道德虚构典范，但是已经很难影响到更广大的群体中，或者说人们对于道德虚构典范产生了质疑。因此，从道德虚构的对象来说，道德

① ［德］马克斯·韦伯，著．学术与政治 [M]. 钱永祥译．桂林：广西师范大学出版社，2010.45.

虚构的德育价值向度正在逐渐萎缩，已经出现了与时代难以适应的状况。

其次，从道德虚构的德育内容来看。道德虚构的德育内容是以道德典范为承载的道德观念的体现。在古代，道德虚构的德育内容以儒家伦理思想为主的三纲五常、宗法观念、孝道理念等为主，其根本的价值指向在于对王权的认可和维护，对德政合体国家体制的认可和维护，是严格地服从与从属伦常关系。而到了近现代之后，随着封建体制、阶级对立的逐步瓦解和消退，道德教育更是作为了维系社会和人们之间和谐、社会文明进步的推动剂而存在。然而，数千年的德政合体观念依然对人们生活和沟通方式产生着影响，其中包含的消极的道德内容与现代的道德内容、文明理念产生了不可避免的冲突。因而，从道德虚构的德育内容来说，道德虚构的德育价值需要完成这种时代性的转变，克服其中的矛盾和冲突，才可能为现代德育服务。

再次，从道德虚构的德育方法来看。道德虚构虽然是道德教育体系中的一种方法，但是道德虚构依然有着自己的德育方法，具体可以从道德虚构下的道德典范与被教育者之间的关系来发现。在古代，为了体现王权的尊贵和道德的神圣，道德虚构的德育方法主要表现为愚民与诱惑，甚至是恐吓。在现代以平等、交互和对话为基本理念的沟通方式来看，过去的这种道德虚构下的德育方法已经难以发挥作用，现代的道德虚构下道德典范与道德行动，更需要体现的是当代主流的教育方法。

（四）功利性价值向度

在功利性价值向度层面，传统和现代的道德虚构发生了重要的转变。传统道德虚构的价值指向权力和权力所有者，现代道德虚构则更为关注公共生活和个体德性的获得。从社群主义的视角而言，传统道德肩负政治社群至善和公共利益（其公共利益带有明显的阶级性）的工具性使命，是在权力统治和生产生活中形成的非制度化协约。因而，传统道德虚构主体利益指向权力或统治者，社会意义在于维系道统的合理性和道德习俗的文化性。如传统中国以儒家思想为内核的古代典范虚构，既体现了儒家德政合一的思想，也体现了道德作为目的性存在的道德理念，无论是上古先王道德典范的本质特征，或者二十四孝中的公共性形象都因为他们具有至高德性，得到统治阶级或者“天”的嘉奖和眷顾，因而，其功利性及阶级性不言而喻。

长期以来，道德教育是否应该具有功利性一直是学界争论的焦点，反对道德教育的功利性声音略占优势，反对者认为道德教育对于个体精神世界的陶冶是与世俗、功利相对立的，承认其功利性的合理性，实质则是抹杀了道德境界的高尚。而支持者则认为，道德有着功利性起源，正是因为使个体能够获得好处，人们才会主动地去承认道德，践行道德。

早在20世纪90年代，德育界就道德教育是否应该具有功利性进行过一次大讨论。有的学者认为功利主义的出现能够消除传统道德中的消极因素，形成务实的性格品质，然而这一观点并没有意识到功利主义的危害，表现为对于传统道德中一些因素和内容的极大反感，是对于西方注重个体利益的价值观念的推崇。鲁洁先生认为："只有在实现发展功能中不断使享用功能得以发挥，个体的道德发展，人格完善才能得到最内在、最根本的动力，并产生积极的效果，德育的最高发展性目标才能得以实现。同时，也只有使两种功能密切结合，道德教育才有可能真正成为一种'愉快教育',成为一种人们所乐于接受的教育。"[①]《道德经》有云：为学日益，为道日损。个体的道德发展过程是道德知识不断丰富、道德感情不断增加、道德修养不断提高的过程，而促进个体主动发展自我道德的内驱力必然是快乐，处在一定经验认知、一定道德水平和一定自我认知下的个体，需要不断的刺激与激励，才有可能由低水平道德最终发展成为内在的修养境界，因此，对于道德教育来说，正确认识其功利性向度，对于发展道德教育的功能，提高道德教育的有效性有着积极的意义。

道德教育发端于人类生存的本能，原始的道德教育主要功能在于规范个体的利己行为、作为个体和群体间保持和谐的共同约定，是族群发展的必须手段。利己是生物的特征之一，生物界除却人类和生物繁殖中利后代的本能，几无利他的意识，所以说，道德教育的发生开始是功利性的发生，其原初价值在于削弱和淡化个体的生物性利己，而为大家带来共同的利益，因此，从这个意义上说，道德教育确实有着功利性价值。德和道德教育的功利性争论也可理解为人们对道德的自律性、他律性的分歧，如孔孟等从人性向善的角度，认为道德先天存在于个体的心灵深处，只有通过自我的不断修身与自省，才能将其真正内化而激活，因此，道德是内在性的自律存在。与其他主张道德他律性的学说不同的是，儒家的修身

---

① 鲁洁．试论德育之个体享用性功能 [J]. 教育研究 ,1994(06).

似乎更为直接，比如其学派一直提倡的“内圣外王”境界，这一术语非出自儒家与孔子，最早见于庄子，然二者的思想具备相通之处。《庄子·天下篇》说道：“不离于宗，谓之天人，不离于精，谓之神人；不离于真，谓之至人。以天为宗，以德为本，以道为门，兆于变化，谓之圣人，以仁为恩，以义为理，以礼为行，以乐为和，熏然慈仁，谓之君子。”[①] 个体是否能够触碰到诸如圣人之德的境界，关键在于自我，内圣是个体的人格理想，只有通过不断的修养与反思，才能成为仁人君子，才能具备圣人一样的品德。庄子又说：“以法为分，以名为表，以参为验，以稽为决，其数一二三四是也，百官以此相齿；以事为常，以衣食为主，蕃息畜藏，老弱孤寡为意，皆有以养，民之理也。”[②]“内圣外王”思想中，内圣和外王始终是互为一体的，内圣是基础，外王是目的，这一点，我们从儒家的诸多经典中都能找到影子，再如儒家对于上古先王的虚构，他们无一不是道德的楷模与典范，同时也是内圣外王的代表。儒家看似注重内省和修养的道德教育方法，其实质却包含着很大的目的性，其根本目的在于实现政治理想。

在现代社会之中，制度和德性的双重建构、完整公民身份确立和认同是各个国家孜孜以求的目标，“在政治生活和基本制度中，公民如何在公共事务中运用两种道德的能力（自主与正义感）是维系自由主义国家的关键。”[③] 因而，现代社会追求身份与美德融合的基础上，期望公民具有两种能力，一种是作为社会共同体服务于公共利益的能力；另外一种则是在精神自由、自在中获得道德的崇高感。进入现代以后，道德虚构的消极价值正在被逐渐式微，逐步消除了道德功利性价值思维中工具性膨胀和外在承诺的压迫。现代道德虚构出现过两种模式。一种是将道德虚构作为功能的承载者。具体方法是通过降低道德要求，将一些在自己岗位上做出过杰出成绩的个体塑造成道德典范，在此意义上的道德典范成为功能化的符号，道德典范的道德教育功能被弱化，而仅仅代表了各行各业的较高工作标准，职责和道德的意义被混作一体。遵守基本的行为规范及底线道德，抑或追寻崇高道德境界，成为个体道德发展的难题。从这一角度而言，道德虚构需要还原其道德性价值指向。另外一种则是试图将价值观作为道德虚构的承载对象，这也是我党和政府构建社会主义道德体系的重要尝试，即通过道德虚构的方法，将具有社

---

① 庄子·天下篇.

② 同上.

③ John Rawls.The Priority of right and Ideas of the Good.philosophy and Public Affairs,1988,(4)p.272.

会主义道德信仰和践行统一的个体作为道德典范。不仅弥补上述道德虚构方式在崇高道德价值宣传上的不足，同时对于构建社会主义道德价值体系具有重大的价值。

二、道德虚构的功能

通常，因为人们习惯于道德话语的实在特征。即在日常作出道德判断或者道德对话的时候，我们把这种类似于道德事实的内容当作了客观事实，好比“我们在说孰是孰非的时候，那种确定的态度和方式，如同我们说太阳东升西落一般，像是在说某些客观存在的东西，”[①] 然而，“太阳东升西落”可以通过科学观察所证实，我们却无法从物理世界中通过科学实证得到诸如“助人为乐是对的”这样的属性。但是，否定这些道德属性即否定我们的道德历史和现实道德生活、否定道德话语的有效性，我们显然无法承受。因而，承认道德虚构的价值，选取和推荐某些道德虚构，作为社会语境下“值得说”的道德主张，当作是有价值的道德判断以供人们学习显得有意义。“教育模式的构建者所确立的教育目的就是对各种理论认识的选择和组合。”[②] 道德虚构的构建者们,其教育目的同样是基于多重价值的叠合而成。道德虚构具有帮助个体塑造道德信仰的功能、维护道德教育的合理与合法性功能、促进与构建和谐社会道德秩序的功能。

（一）维护道德教育的合理与合法性功能

1. 道德虚构承载时代道德价值

当道德的话语权掌握在强权政治之手时，由于没有独立于世俗权力的道德权威，道德学说被作为强化专制君主权力正当性的助手，通常以他律为特性的控制形式出现，包括以制度、规范和条例等形式表现的强控制，和以榜样情景、奖励训练等以“教化”为主要形式的软控制。然而，随着人类生活的日渐理性化和个体自由意识的觉醒，过去被过度人为设计的道德教育和道德教育方式，逐渐被人们所质疑甚至抛弃。亚里士多德认为“人的德性可以分为两类：一类是理智的，大多数由教导而生成、培养起来的；另一类是伦理的（ethics），由风俗习惯

① 张亚月 . 道德虚构主义的理论困境与可能前景 [J]. 湖南师范大学社会科学学报 ,2008.01.

② 刘庆昌 . 教育理论向实践转换的现实路径 [J]. 教育学术月刊 ,2015.06.

（ethos）沿袭而来，一个人从小养成的这样或那样的习惯不是件小事，相反非常重要”。[①] 在过去看来正确、合理、理智的道德观念、道德价值诉求发生了异构，其道德价值所追求的政统与道统的统一、天命与民意的统一等内涵，同现代个体的道德追求和价值追求发生了冲突。

道德虚构的一个重要功能在于维护所在时代占主导地位的道德教育的合理性和合法性地位。在西方的文化体系构建中，由于其道德虚构的完成者是思想家、哲学王，因此，其塑造的道德形象往往是智慧、力量等代表当时最重要美德的象征，激励民众人性光辉的闪耀。而我国古代的道德虚构者却往往集中于权力之手，其道德虚构下的形象往往是压抑自我情感和人性的伸展，因此，我们看到中国古代的道德虚构形象可以分为两种，一种是对前代统治者的形象予以修饰，使之更加完美和光辉，如后世君王们对于尧、舜、禹、汤等的道德虚构，将仅仅是一个侥幸或者强悍的部落斗争的胜利者作为先圣贤王的代表，我们很难想象就像电视剧《西游记》中穿着兽皮、树叶，吃着野果子的孙悟空是道德最高尚的“人”，其最终目的只是为了证明自己王权的合理合法性，是典型的道德虚构的历史主义方法；第二种是权力夺取者对自己的道德虚构，就像前一种方法对于前辈的虚构一样，将自己的王权获得宣称为是天命所系，将自己的行为宣称为天赐之德，是上天至高德行在现世的代表，“比如下启讨伐有扈氏、成汤篡夺夏政、武王篡夺殷商政权，所采取的伎俩如出一辙，即一方面打出受命于天和替天行道的王牌，另一方面自我标榜有德，因为自己有德，上帝才受命于他，让他拥有替天行道的杀戮特权”[②] 和号召人们遵从自己创造的道德价值的特权。通过上述两种方法的交错运用，构成了我国古代的道德体系，并且成为两千多年王权专制制度的稳定结构的重要辅助。到了近现代，我们从史书和现在的道德教育中依然能够找到原初的一些作为的影子。

> “我们驳斥一切想把任何道德教条当作永恒的、终极的、从此不变的道德规律强加给我们的企图，这种企图的借口是，道德的世界也是凌驾于历史和民族差别之上的不变的原则。相反的，我们断定，一切以往的道德沦归根到底都是

---

① ［古希腊］亚里士多德著．尼各马科伦理学 [M]. 苗力田译．北京：商务印书馆，1990.25.27.

② 唐代兴，左益．先秦思想札记 [M]. 成都：四川出版集团巴蜀书社，2009.22.

当时的社会经济状况的产物，而社会直到现在还是在阶级对立中运动的，所以道德始终是阶级的道德；他或者为统治阶级的统治和利益辩护，或者当被压迫阶级变得足够强大时，代表被压迫者对这个统治的反抗和他们的未来利益。在这里没有人怀疑，在道德方面也和人类知识的所有其他部门一样，总的说是有过进步的。但是我们还没有越出阶级道德。只有在不仅消灭了阶级对立，而且在实际生活中也忘却了这种对立的社会发展阶段上，超越积极对立和超越对这种对立的回忆的、真正的人的道德才成为可能。”①

马克思和恩格斯的论断可以作为定位道德虚构的基本原则，并且以此来审视中国古代及其现代很长一段时间内所虚构的道德体系，我们会发现，所有的道德体系都不是超越阶级的，而只是代表某种统治阶级的道德价值的道德体系，阶级对立的社会，其道德虚构的典范只能是那些权力所有者们，因此，作为个体化的道德虚构形象，往往都是权力英雄或者权力的代表，道德虚构只能是作为维护权力的合理性和合法性功能而存在，反之，则失去了其存在的意义。

同传统社会相较，现代公民社会形成的共同体结构，要求个体同时兼具自我和集体的双重认同，社会需要通过一定的教育措施，使个体对其身份有着充分的接纳，实现个体外在的身份内在化，并且将其内化为个体的内在品质和行为。德里克·希特将美德、法律、政治、认同感等并列作为现代公民身份的基本要素，因而，现代道德虚构应当作出主动调适，进而适应现代道德教育的要求。

2. 权利意志与道德思想

道德虚构作为道德教育中的一个重要方法，在每个历史时期都不可或缺，究其方法论本身来说，是没有价值优劣的，我们只能从其呈现的结果，即道德虚构的载体来判断这个时期道德虚构的价值取向。在前面已经谈到，在中国的古文明中，道德虚构的载体及限度，道德典范形象和道德典范的价值取向都具带有浓烈的权力指向特征。然而，随着文明的发展，道德价值观念产生了颠覆性的转折，道德和道德教育正在逐渐脱离政治和权力的依附，而成为人与人之间和谐相处、个人高尚情操的手段和目的，探讨虚构中的道德典范形象，能让我们明晰道德虚构的限度以及道德典范的有限性作用。

---

① ［德］马克思，恩格斯．马克思恩格斯全集第 20 卷 [M]. 北京：人民教育出版社，1980.103.

（1）形成代表权力意志的道德典范

诸多的观点认为道德典范即“道德榜样”。[①] 普遍认为两者的概念没有严格意义上的区分。《伦理学大辞典》上的解释说：道德典范是“道德规范的典型化与具体化。是历史上或现实中比较完备地体现一定社会或阶级的道德理想模式，被人们看作理想人格化身和道德选择楷模的杰出人物。历史上一切统治阶级及其思想家，都十分重视道德典范的教育作用。中国历史上统治阶级大力渲染的所谓‘仁人’‘君子’都是封建社会的道德典范。在共产主义道德教育中，也十分重视道德典范的作用。这种道德典范，可以是无产阶级的杰出领袖，也可以是普通社会成员中的先进人物。道德典范人物并不是与生俱来没有缺点、弱点的‘完人’，而是通过各种努力，达到了比一般人具有更理想人格的品德，成为人们所效仿的道德榜样。道德典范使道德规范与道德行为相统一和具体化，因而具有更直接、更具体，更现实的教育作用。”[②]

《中国伦理学百科全书》上的解释说：“道德上的典型、楷模。是一定社会、一定阶级的道德原则和道德规范在具体人物身上的集中反映；是典范人物对当时历史进程和社会关系自觉认识的结果。它总是表现该社会一定发展阶段上，该社会、该阶段的利益和道德原则，体现着该社会、该阶级成员做人的基本方向和理想人格。它对人们有巨大的精神激励作用。无产阶级革命领袖、英雄、模范人物是人民群众的先进代表，在他们身上集中体现了劳动人民的优秀品德，是无产阶级道德标准的化身。他们在社会中有崇高的威信，有巨大的说服力和感染力，能够广泛地影响人们的思想和社会风尚。它在道德教育中有巨大的作用。”[③]

从这些定义中我们可以看到，道德典范和道德榜样并没有做出严格的区分，属于对现代意义上的道德榜样的定义，所描述的特征并不能囊括古代的道德典范的特征。《现代汉语词典》里界定榜样为“值得学习的好人或好事”。[④] 那么道德榜样就应该是值得学习的道德人或者道德事。彭怀祖、姜朝晖认为榜样“榜样是在一定历史时期经组织认定，公众舆论认可和公共传媒广泛传播，体现时代精神和人民意愿，……值得公众效仿和学习的先进典型。”[⑤] 按照这样的定义解读古代的道

① 冯契等 . 哲学大辞典 [M]. 上海 : 上海辞书出版社 ,2007.

② 宋希仁等 . 伦理学大辞典 [M]. 长春 : 吉林人民出版社 ,1989.

③ 罗国杰等 . 中国伦理学百科全书 · 伦理学原理卷 [M]. 长春 : 吉林人民出版社 ,1993.

④ 现代汉语词典 · 第六版 [M]. 北京 : 商务印书馆 ,2012.34.

⑤ 彭怀祖 , 姜朝晖著 . 榜样论 [M]. 北京 : 人民出版社 ,2002.8.

德典范，从逻辑的角度是无法成立的，无法解释先祖们对于上古时期的道德虚构，既没有体现时代精神，更不是普通人民的意愿，而是体现着权力者的欲望和政治意图而虚构出来的典范。因此，笔者认为，两者有着本质的区别，我们从概念的界定中可以看出一点矛盾，在中国古代，许多的道德典范形象是一种道德理想的呈现，权力意志的捆绑，因此并不能代表那个时期的道德规范，甚至是常人不能触碰的界限，他们代表的是智慧、权力、才华、道德等集于一身的典范形象，是王者的特征，只有诸如贞洁烈女等存在于人们实际生活中的具体的形象才能被称之为道德榜样。（这就是中国传统道德中的道德层次，道德虚构也具有这样的层次性，将在后面的章节做详细的论述。）同时，古代的道德典范形象有很多是没有具体人存在的，或者说不存在于他们所处的当代，更多的道德典范是对前人的道德虚构和继承。而我们在现代意义上的道德榜样，则指的是纯粹道德意义上的伟大，是在道德规范之内的努力，是没有超越人自然能力的道德践行。

（2）形成代表时代价值的道德典范

道德典范需要具有时代性特征，道德典范代表的是这个时代道德话语权力控制者的道德价值观念的体现，道德虚构旨在围绕道德价值观念，通过一系列的方法，构造出具有时代可信度和道德控制力的道德典范，因此，道德典范必须具有时代性，否则就会失去可信度和说服力，但是，道德典范是可以以不同形态出现的，既可以是我们看得见的道德榜样，也可以是早已逝去的大德大能，简而言之，只要能够为时代服务，为时代所需要的道德教育所用，道德典范就是成功的道德虚构。道德虚构下的道德典范的时代性特征可以从以下几个角度进行理解：

第一，道德虚构下的道德典范的广义时代性特征

广义时代性特征的道德典范是指为了实现道德教化（教育）的目的，掌控道德话语权力的控制者，通过道德虚构的方法而建构的道德典范。道德典范可以以不同的性质出现，既可能是对于当代道德典范的虚构，也可以是对于前代、甚至从未出现过的先祖们的虚构，这一特征广泛的体现在古代统治者为了使自己的权力更加稳固，自己的皇权更具合法性和完美，或者篡夺政权者以天命主义的方法宣称自己有天赐之德（即对于先祖的道德虚构），而普遍使用的方法，可以说上古时期的道德体系都是在这样的一种虚构下建立的，是后人对于前人的虚构，而后再根据这一思想构建自己时代的道德体系，从而保证王权和其控制力的存在。虽然中西方的道德虚构类型不同，但是道德典范的广义时代性特征却是兼有的，如

我国古代对于上古时期三皇五帝的虚构，西方对于苏格拉底、柏拉图等智者的虚构，都起到了道德虚构者所期望的，即通过对于前人的道德典范虚构，而对他们所处那个时代人们的道德教育的作用。因此，道德虚构下的道德典范的广义性特征是普遍存在的。

第二，道德虚构下的道德典范的狭义时代性特征

狭义的时代性特征是指道德典范应该是当代的、跟人们息息相关，符合普通人们道德标准的具体形象，等同于道德榜样，关于这一特征的论述，无论古代还是现代都非常多。如《诗经·大雅·卷阿》中记载："有冯有翼，有孝有德，以引以翼，岂弟君子，四方之则。"[①]古人把"有孝有德"作为君子应该具备的品格，并且把具备这样品格的人作为人们学习和效仿的对象，即道德榜样。再如《战国策·齐策》中记载的关于孝养的故事：齐国一位名叫婴儿子的北宫氏女子，她变卖掉自己所佩戴的首饰，一生未嫁而孝养双亲，赵国王后得知此事后，认为齐王应该将婴儿子赐教封号、树立为典范，并且大力嘉奖。可见，古代统治阶级已经懂得利用道德典范来实施道德教育，虚构其所在时代符合统治者道德价值观念的道德典范来完成道德教化。

现代普遍认为时代性的道德典范具有道德示范和道德激励功能。道德典范的行为示范功能指的是，道德典范的行为事迹能够使人们认识道德的善之本质，让人们直观的感受到道德的作用，并且纠正人们错误的道德认知和观念，做出正确的道德选择并且能够养成良好的道德习惯。道德典范的激励功能指的是"以现有的、具体的、鲜活的形式影响道德行为主体，使其形成对于道德认识与践行的自觉性、主动性和积极性，并在实践中促使其实现由'实有'向'应有'转化的能力。"[②]道德典范的激励功能可以发生在模仿者与道德典范之间，也可发生在道德典范自身。"从道德的本质与功能来看，不仅谈到道德规范调整人际关系的一面，更强调了它促使人格完善，激励人们在道德征途上不断进取，勇于创造的一面。"[③]道德典范形象的构建对于道德典范本身来说是一种行为激励，激励道德典范更好的践行道德、维护自己的道德形象，确立更远大的道德目标。同时道德典范的构建还可以唤起他人的认同和尊重，利用其道德感召力和道德人格魅力，吸引人们去

① 转引自：沈善洪，王凤贤著．中伦理思想史 [M]. 北京：人民出版社，2005.52.
② 胡建等．道德典范的当代困境及其对策 [J]. 吉首大学学报（社会科学版），2013.04..
③ 魏英敏．新编伦理学教程 [M]. 北京：北京大学出版社，2003.114

自觉自愿地学习和模仿道德典范的行为。

道德虚构下的道德典范的狭义时代性特征，是道德典范形象的基本特征，在现代运用尤其广泛，它与偶像有着很难区分的界限，这与我们先祖们采用的道德虚构类型存在不可分割的联系，这一点将在本书后面进行论述。总之，道德典范的狭义时代性特征是道德典范存在和道德价值的重要体现，对于道德教育具有十分重要的作用，无论宗教、阶级还是学校德育，都离不开狭义道德典范的确立。

第三，道德虚构下的道德典范的时代超越性特征

道德虚构附带着浓重的权力意志和阶级观念，因此，大部分道德虚构下的道德典范都是时代的产物，时代终结，则道德典范也就会消亡。道德典范的时代超越性特征是指：在不同时代，虽然关于道德的定义在不断发展，但是人们总有着一些无法改变的道德观念，能够经得住时代发展的筛选，而一些被前人虚构的承载这些道德观念的载体，即部分道德典范可以超越时代和时间，不断激励人们的道德发展。其中，有的道德典范经受住了不同时代变革、文明发展的冲击，成为不同政治体系、甚至不同国家的道德价值观念。而有的道德典范只是在同等价值体系、同种阶级社会的时代中可以存在，也许跨越了数千载的时光，但是却难以接受不同价值体系和文明的检验，最终仍然无法逃脱被淘汰的命运。

（3）直观体现道德教育的价值变化

“每一个阶级，甚至每一个行业，都各有各的道德。”[①] 道德是不断发展变化的。道德教育需要一种媒介，可以使得形而上的道德精神能够以具体或者说容易理解的形式与方式被教育者所运用，被处于不同认知水平的学习者所接纳。

过去，道德的话语权掌握在强权政治之手，由于没有独立于世俗权力的道德权威，道德学说被作为强化专制君主权力正当性的边鼓帮腔，通常以他律为特性的控制形式出现，包括以制度、规范和条例等形式表现的强控制，和以榜样情景、奖励训练等以“教化”为主要形式的软控制。然而，随着人类生活的日渐理性化和个体自由意识的觉醒，过去被过度人为设计的道德教育和道德教育方式，逐渐被人们所质疑甚至抛弃。亚里士多德认为“人的德性可以分为两类：一类是理智的，大多数由教导而生成、培养起来的；另一类是伦理的（ethics），由风俗习惯（ethos）沿袭而来，一个人从小养成的这样或那样的习惯不是件小事，相反非常重

---

① 中共中央马克思恩格斯列宁斯大林著作编译局 . 马克思恩格斯选集第四卷 [M]. 北京：人民出版社，1995.240.

要。”[①]在过去看来正确、合理、理智的道德观念，千百年来惯用的道德教育方法受到了挑战。其根本原因在于一直以来的道德价值诉求发生了异构，其道德价值所追求的政统与道统的统一、天命与民意的统一等内涵，同现代个体的道德追求和价值追求发生了冲突，道德教育的发展无法跟得上时代发展的脚步。

当时间逐渐步入现代，在西方文化的影响下，全世界都在不停发生着深刻的社会演化，现代现象（moderne）诞生了。它向人们生动的展示了生活世界的巨大变形，及所引起的自然世界的巨大变化。在这历史长河的偶然性演变中，不但人类的文化、经济、政治、制度、知识发生了结构性转型，而且人类群体生活的生存形态、道德状态甚至心性也在持续而不稳定的转变。然而，更为严重的是，这些变化使得曾经作为整个社会公共契约的价值理念显得不再重要，社会伦理和个人的道德实践不断遭到质疑、落入困境，现代人的道德心态发生了变化，“人的生存标尺的转变”，[②]人的存在的道德价值选择发生了变化。正如《双城记》写道：

> “这是好得不能再好的时代，这是坏得不能再坏的时代；这是闪耀着智慧的岁月，这是充满着愚蠢的岁月；这是富有信仰的时期，这是怀疑一切的时期；这是光明的季节，这是黑暗的季节；这是充满希望的春天，这是令人绝望的冬日；我们面前无所不能，我们面前一无所有；我们大家都在上天堂，我们大家都在下地狱。”[③]（《双城记》——查尔斯·狄更斯）

金生鈜教授认为：“现代伦理从形而上的存在之本质的特性演变为现实的客观利益的交换伦理，从存在价值之展现的生命存在性伦理变为外在的偏爱型的行为，从日常生活的价值的共契性（shared morality）伦理转变为主观性的相对性伦理，从禁欲型、克制型伦理转变成享乐型和惬意型伦理，从社会单元一统主义道德转变成多元主义道德，从精神品质型、理想型道德转变成规则型、约束型和肉身感觉型道德。”[④]在现代性人的精神本质逐渐被物化、预定化和固定化中，道德所赖以

---

① ［古希腊］亚里士多德著．尼各马科伦理学 [M]. 苗力田译．北京：商务印书馆 ,1990.25.27.

② ［德］M· 舍勒．资本主义的未来 [M]. 北京：三联书店 ,1997.182.

③ ［英］查尔斯·狄更斯．双城记 [M]. 北京：人民文学出版社 ,1993.

④ 金生鈜．德性与教化——从苏格拉底到尼采：西方道德教育哲学思想研究 [M]. 长沙：湖南大学出版社 ,2003.13.

存在的形而上的价值基础被彻底抽空，也就是说，传统道德基础发生了坍塌，过去人们视作品质与高贵的高层次道德逐渐消退，道德演变成获取利益时互补侵犯的生存原则，体现的是个体获得欲望满足的有用性价值。

精神家园是人类容纳自我生命与价值的所在，是人类自由的依托与保障。理性主义的一步步扩张导致了信仰的虚无与崩溃。尼采以“上帝死了”宣告人类面临的虚无主义，即人类失去了精神归属的终极价值港湾，“这些价值的沦落就是先前所有关涉存在者自身及全体的真理的崩溃”，[①] 意味着一切传统价值观念的崩溃和人类精神家园的缺席，人们经历着生活世界和生存整体性意义的丧失，却只能漂浮在对世俗性对象的追求中，对物质的占有成为慰藉精神空虚的惟一方式。因此，人们必然面临着道德价值的重新定义，重新寻找道德的认同感与归属感。统一的道德基础已经丧失，而以个体为主的道德自由的出现，必然会导致不同道德观念即分离性道德的发生，造成实质性道德秩序的解体和道德公契精神的沦丧，道德行动和道德判断没有可以评价的标准，没有共同所有的道德视阈，道德价值缺乏层次性，个体的价值选择都成为个体主观性的意义（或者法律意义的判断），是一种缺乏制约的个人自然存在的自我生产的方式。

当伦理道德作为有用性价值存在，现代性的价值观念的转换与人的实存样态抹去了人的精神的内在本质。“对于今天的我们而言，反思道德理想主义，又时刻警惕陷入道德上的虚无主义，养成一种对社会发展、对历史目的、对道德理想、对个体的冷静、辩证的思维方式，承认人和世界的不完善性，实实在在地关切个体作为现代性国民的基本道德品质的生成，关切个体在现实生活中的正当权力、利益，提升全体国民的社会责任感和对社会的义务，不以德代法，发育现代公民道德品质生长生成的社会—文化—心理空间，乃是走出道德理想主义，又不陷于道德虚无主义的基本路径。”[②] 总之，我们面临着如此生动却又可怕的道德价值状态，精神家园的失去和道德精神的降格，德性价值的转变和道德秩序的貌合神离等等。因此，在极力倡导构建社会主义核心道德体系的中国，我们应该重新反思和勾画现代的道德教育蓝图，进而让遭遇困境的现代性道德精神进行转换，从无畏到敬畏，从自我到公契，从怨恨到博爱，从颓废到奋发，从工具性道德到自我责任的

---

① 汪民安．尼采的幽灵——西方后现代语境中的尼采 [M]. 北京：社会科学文献出版社，2001.206.

② 刘铁芳．在理想与虚无之间：当前道德教化价值目标问题的困境与超越 [J]. 国家教育行政学院学报，2005.06.

履行。

（二）促进与构建和谐社会道德秩序的功能

在一个稳定的社会中，趋同的道德秩序认识对于社会和谐具有积极的促进作用。现代社会，多数的国家具有异质性的特征，即多数国家是由不同宗教信仰和民族构成，由此而导致的文化差异和道德认同差异，会因历史的分离现象和可能发生的分离而产生对抗的隐忧，而消除这种隐忧的可能性值得怀疑。所以，在超越宗教信仰和文化差异的基础之上，建构被广泛认同的道德秩序，是现代政治生活对抗文明断层线的必然选择。根据道德虚构的方法论特征，站在国家稳定、社会和谐的高度上，超越文明断层，整体性建构具有当代文明特征的道德语境、道德文化和道德话语体系，具有积极的价值。

长期以来，道德一直被作为维系社会生活的关键缆绳。人们毫无猜忌的认为道德能够使我们的生活从一种状态通往另一个辉煌（按照这样的逻辑，历史是没有辉煌的），进而让人性发展为崇高和完美，同时，道德的普遍性、普世性、一致性和总体性是道德实践一直期望的理想，人们期望通过道德的魅力和道德教育建立那种充满真理、幸福和美德的理想国（没有虚假，又何来真理，没有不幸，何谈幸福，没有邪恶，又何来美德，因此，“充满”的世界是虚无的），也期望通过道德教育塑造区别于过去的“新人”，为此，人们一直不断通过学习和理解，认识和获得道德真理，为道德理想的建立寻找终极的合理性根据，为人们的道德生活确定终极的目的，我们有了这种终极性的道德真理，就可以建构一个道德的人性，可以在善恶之间勾画出一条明确的界限，进而对所有的生活形态进行道德的评判。道德教育史就是在如此的形而上学指导下，试图塑造完美尽善的道德主体、寻求道德的本质、建构完美的道德、塑造完满的人性、建构完美的社会，作为我们理性所确认的道德追求。而在很长一段时间内，道德典范表现为一种“无我”存在，我们的很多道德虚构下的道德典范是不容许怀疑和反思的对象，是命令式的道德教育，道德典范的行为似乎跟个体的道德智慧、道德自觉毫不相关，而只是在某种精神感召下的冲动。

1. 道德虚构的时代性影响

道德虚构对于时代的影响是道德教育的时代性缩影，可以体现一个时代的社会价值导向，我们可以从道德虚构的方法、手段等具体体现，或者道德榜样、道德典范的特征，来推论道德虚构对时代的可能性影响。同时，根据前文提到过的，道德虚构具有超越时代性的特征，不仅能够对本时代人产生道德教育影响，同时也会对后时代人产生一定的作用，或作为警戒、或继续作为道德典范。因此，道德虚构的时代性影响也需要从其对当时代和后时代两个角度来理解。

福柯在《性经验史》上开篇讲道："长期以来，我们一直忍受着维多利亚时代的生活规范，至今仍然如此。这位一本正经的女王还出现在我们性经验的徽章上，矜持、缄默和虚伪。"[①] 我们可以想象到，福柯对于维多利亚时代的道德的反感，和当时作为道德虚构下的典范的特征与表现的冷嘲。

2. 道德虚构的价值性影响

道德虚构的价值性影响是指道德虚构所蕴含的价值精神对个体施加道德影响，乃至个体将之内化的过程中，所产生的个体价值观念变化的反映。"在同时存在若干种教育价值方案和意向时，教育主体从自己的需求及利益出发，选择或倾向于某一方案和意向，以实现自己的德育价值目标。"[②] 个体具有在不同的社会环境或需要中，趋利避害而选择对自己有益价值取向的特点，因此，道德虚构的价值性影响是存在的，在历史上，道德虚构曾经对不同时代的个体产生过以下道德上的价值性影响。

道德与精英的对等。无论在传统道德虚构还是现实的道德虚构中，道德与精英对等的现象极为普遍，即精英都是道德的，而道德者必然是精英。这一特点对社会道德导向和个体道德成长的价值性影响极为深远。在对精英们道德虚构的过程中，他们的不道德"瑕疵"行为往往会人为地遗忘掉甚至抹掉，因此，当尘封的档案打开，头顶的光环撤下，我们常常可以看到精英们不堪的种种劣迹。那么，如果这些档案不曾打开，光环不曾撤下，道德与精英对等下的道德虚构依然是光鲜而健康的。

曹卫东教授在感概于哈贝马斯在学术研究早期气愤海德格尔与纳粹的不解情节时候说道，用道德责难的方式评价海德格尔，是把复杂的问题简单化，对本人、对实际的事情都没有具体的太大的意义，然而这种通过道德责难而否定一个人的现象至今仍然大行其道，"前不久我就在报纸上读到过国内学人的文章，认为海德

---

① [法] 米歇尔·福柯著 . 性经验史 [M]. 佘碧平译 . 上海 : 上海人民出版社 ,2002.3.

② 刘旭东 . 教育价值浅议 [J]. 青海师范大学学报 (哲学社会科学版), 1990(01).

格尔这样的人根本不值得一提。”[①] 道德与政治联姻下的道德虚构，政治清白是个人具备社会价值的必要条件，否则，其价值意义会被人为地虚无。

3. 道德虚构对于人性发展趋向的影响

长期以来，道德一直被人们作为维系生活的惟一准绳。人们毫无猜忌的认为道德能够使我们的生活从一种状态通往另一个辉煌（按照这样的逻辑，历史是没有辉煌的），进而让人性发展为崇高和完美，同时，道德的普遍性、普世性、一致性和总体性是道德实践一直期望的理想，人们期望通过道德的魅力和道德教育建立那种充满真理、幸福和美德的理想国（没有虚假，又何来真理，没有不幸，何谈幸福，没有邪恶，又何来美德，因此，“充满”的世界是虚无的），也期望通过道德教育塑造区别于过去的“新人”，为此，人们一直不断通过学习和理解，认识和获得道德真理，为道德理想的建立寻找终极的合理性根据，为人们的道德生活确定终极的目的，我们有了这种终极性的道德真理，就可以建构一个道德的人性，可以在善恶之间勾画出一条明确的界限，进而对所有的生活形态进行道德的评判。我们的道德教育史就是在如此的形而上学指导下，试图塑造完美尽善的道德主体、寻求道德的本质、建构完美的道德、塑造完满的人性、建构完美的社会，是我们理性所确认的道德追求。

（三）帮助个体塑造道德信仰的功能

道德虚构是现代社会帮助儿童养成道德信仰的重要助力。从道德教育的历史维度而言，道德教育的超越性本质要求其具备传递某种真理性终极价值、教育目标能够指向与现实生活看似无关的未来道德社会。道德虚构能够契合儿童道德信仰养成的诉求。通过道德虚构可以填补个体道德发展所需的客观道德载体，借助道德虚构的力量发展其本体的道德性，塑造个体道德发展中的参照和动力源泉，弥补其道德信仰发展中的迷惘与空虚。

道德虚构具有引导个体形成道德和成为个体道德发展的动力的功能。作为道德教育的主要受体——青少年来说，由于他们的认知能力和抽象能力的缺陷，以及个体的道德发展具有阶段性、差异性和不平衡性等特征，导致其道德的发展总是需要更为客观的道德形象和“为什么要道德”的回答载体。因此，学校中经常

---

① 曹卫东 . 走进公共领域 . 载于现代的悖论 (1995-2009)《读书》思想评论精粹 (下)[M]. 北京 : 生活 · 读书 · 新知三联书店 ,2012.175.

出现的一种道德虚构几乎出现在教育产生的各个阶段中，如学校文化中的名人画像、励志简介等等，通常通过假如……你就会……的语言逻辑来引导学生发展与成长，而几乎所有的这些校园软文化建设都与成功和道德相关；再如课堂教学中，教师常常会潜意识的将自己作为道德榜样，通过以实体虚构的方式，为了解释某种结果的艰难和教师形象的树立（几乎没有教师认为自己是不道德的），过滤掉自身发展中的其他因素，将自己作为道德的载体进行虚构，或者将学生本人作为载体进行道德虚构，勾勒出服从和接受规训的美好愿景等等。

1. 道德虚构是生成道德人的重要方式

中国古代的道德教化和政治教化呈现一体化的典型特点，道德和政治很难严格地区分开来，我们从“修身、齐家、治国、平天下”这一条千古格律可见道德和政治的错综关系，道德的政治化取向的明显表征。而道德虚构自然也难以逃避促进这一理念和体系发展的功能。因此，从中国历史来看，教化是一种集政治、道德和教育为一体的国家统治手段。德治和政教合一的古代格局，对于维护和延佑统治阶级的道统思想和阶级社会的秩序稳定，具有无法替代的重要作用。道德虚构在历史上既发挥了其本来的道德教化功能，同时也发挥着政治教化的功能，直到现在，也许同样如此。道德虚构在产生之初，便没有回避政治教化的功用，前文提到，中西方不同的道德虚构范式导致我们生产的道德人的价值归属的不同。道德虚构的政治教化价值取向特点，在中国古代表现得尤为明显，为民众的政治思想定向教育和行为选择提供了客观的依据。汉代之后，德治体系逐渐形成了一套从中央到地方的完整的整教化体系，举孝廉、察举制的运用，将道德和政治从法理上紧紧的联系在了一起。

道德虚构具有引导个体形成道德和成为个体道德发展的动力的功能。作为道德教育的主要受体——青少年来说，由于他们的认知能力和抽象能力的缺陷，以及个体的道德发展具有阶段性、差异性和不平衡性等特征，导致其道德的发展总是需要更为客观的道德形象和“为什么要道德”的回答载体。因此，学校中经常出现的一种道德虚构几乎出现在教育产生的各个阶段中，如学校文化中的名人画像、励志简介等等，通常通过假如……你就会……的语言逻辑来引导学生发展与成长，而几乎所有的这些校园软文化建设都与成功和道德相关；再如课堂教学中，教师常常会潜意识的将自己作为道德榜样，通过以实体虚构的方式，为了解释某种结果的艰难和教师形象的树立（几乎没有教师认为自己是不道德的），过滤掉自身发展中的其他因素，将自己作为道德的载体进行虚构，或者将学生本人作为载体进行道德虚构，勾勒出服从和接受规训的美好愿景等等。因此，通过道德虚构可以解决个体道德发展所需的客观道德载体，成为个体道德发展的重要动力，通过道德虚构，引导个体健康的成长和积极的生活，借助道德虚构的力量提升人性，培养道德人格，促进人的全面发展，从而发展其本体的道德性，塑造个体道德发展中的参照和动力源泉，弥补其道德发展中的迷惘与空虚。

2. 道德虚构对于个体理性发展的影响

道德理性的产生与发展是道德教育不断追求的目标，道德教育方法的选择可以直接或者间接的影响个体的理性发展，因此，道德虚构对于个体的理性发展分别有着积极和消极的影响。

康德认为道德榜样能够对个体产生道德感染的功能，并且能够鼓励个体去践行道德之事。道德榜样可以让原本抽象、空洞的道德法则规定，通过具体的形象来进行展示，进而使得个体或者处于学习道德规范初期的儿童更直观和深刻地感受到道德法则的可行性或实践性。即“所规定的东西变成可行的、无可怀疑的。它们把实践规则以较一般的方式表示出来的东西，变成看得见、摸得着的。”① 但是，康德又谈到，道德榜样有着很大的局限性，一方面道德榜样是道德虚构的产物，是善的复制品，而非善的原型，善的本体，是经过他人刻意的塑造而产生的；另一方面，道德榜样是对于他人的价值塑造，而非个体的实践理性下自生的道德原则过分对道德典范的肯定，会遮蔽了实践理性在道德生活中的绝对重要性，而且，道德榜样对人从感性层面的教育功能总是有限的，而实践理性则可以让个体确立普遍而有效的道德法则，因此，康德呼吁到：“我们决不能以此为借口，把他们在理性中的真正原型抛在一边，只按照例证行事。”② 他认为，人们不能忽视乃至无视道德榜样的作用，应该借助于这种力量的引导与鼓舞，逐步确立自己的、主宰意志的实践理性。罗尔斯指出：“个人凭借其两种道德能力（正义感、善观念的能力）和理性能力（判断能力，思想能力、以及与哲学能力相联系的推论能力）而成为自由的。拥有这些能力，使他们在所要求的最低程度上成为充分参与社会合作的成员，这一点又使每个人成为平等的。”③ 理性能力的发展是个体具备自由

① ［德］康德著 . 道德形而上学原理 [M]. 苗力田译 . 上海 : 上海人民出版社 ,1986.59.
② 同上 .
③ ［美］罗尔斯 . 正义论 [M]. 何怀宏 , 何包钢 , 廖申白译 . 北京 : 中国社会科学出版社 ,1988.564.

观念的重要保障，因此，对于道德虚构下的道德榜样，我们更应该理智而客观的评价和使用它们，呵护个体理性发展的可能性，避免道德悖论的产生（即由一种善的合乎逻辑的道德方法却导致了恶的结果的产生）。同时，在道德教育中，我们也应该不断的探讨道德虚构的必要界限，以及如何消解其对于个体理性的可能性束缚。

3. 道德虚构对于个体道德智慧养成与发展的影响

道德智慧是道德认知和道德理性体现的最高形式，“道德教育的根本目的是道德智慧的养成，其实质是活跃、敏感、深刻的道德思维能力的培养。”① 龙兴海教授认为道德智慧是人的价值理性的至高表现，“表现为对社会公道正义和人生道德必然的大彻大悟，体现为面对复杂的善恶是非问题的‘不惑’和在纷纭复杂的现实背景中发现各种世事和人事的善恶价值的‘大聪明’。从这个意义上说，道德智慧也就是人所具有的特殊价值智慧。在人类的理性思维系统中，它属于价值思维或‘内我思维’的能力的系列，是人的价值理性的最高表现。”② 道德虚构作为道德教育的一种方法，其对于个体道德智慧的养成分别具有促进和抑制的作用。

从历史中的道德虚构和现实的道德虚构能够发现一种现象，即道德虚构的尺度大小与道德智慧的关联度，其虚构的成分越大，道德智慧就会越少，而虚构的成分越少，体现的是道德典范智力与能力的综合水平，也非单纯的牺牲等道德，道德智慧则会越高。任何的道德虚构都会带有一定的夸张成分，即为了突出和放大道德典范的某种道德品质而使用的方法，因此，在道德虚构的过程中，或者对于道德虚构下的道德典范的解读过程中，应该充分的关注到其虚构尺度是否对于儿童的道德智慧产生了影响。

道德虚构应该遵从必要的限度，这里说的限度主要是指道德典范与个体生活世界的相关度。古代的诸多道德典范是脱离生活世界存在的，这与其特定的历史阶段、认知程度和政治意义有着密切的关联，因此，其道德虚构的限度在于不能存在颠覆王权的威严的成分。而现代的道德虚构限度则表现为普通人是否能够践行道德典范那样道德之事，但是在很长一段时间内，我们的道德虚构下的道德典范，往往表现为一种无我的存在，即道德典范的行为似乎跟个体的道德智慧没有相关度，而只是在某种精神感召下的冲动，所以我们看到的道德典范很少有四肢

① 黄富峰 . 德育思维论 [M]. 北京 : 人民出版社 ,2006.237.

② 龙兴海 . 论道德智慧 [J]. 湖南师范大学社会科学学报 ,1994.04.

健全、身体健康的。从个体道德发展的层次性来说，道德典范对于儿童道德水平的早期影响至关重要，“儿童的道德智慧即来源于儿童的生活世界，同时又有助于生活世界的完满展开。”[①] 因此，在这样的道德榜样教育之下，儿童很难产生更具价值理性和实践理性的道德智慧。

4. 道德虚构对于个体主动道德践行的影响

道德虚构对于个体主动道德实践有着一定的影响，道德榜样一般被理解为一定社会或者一定阶级的理想人格（或道德理想）的典范、楷模，是一定阶级的道德原则和规范在具体人物身上的集中反映。当道德虚构下的道德榜样能够贴近人们的生活实践，或者说，个体可以通过个人的努力达到这一道德标准时，道德虚构对于个体的道德践行会产生明显的促进作用，这一点在现代社会中有着充足的事例，如现代人对于明星的崇拜，通过模仿明星等的发型、衣着、言语，表达自己的情感，践行自己的情感，虽然说明星崇拜是否能够等同于道德榜样的模仿，学界还存在诸多的分歧，通过分析学者们对于道德榜样的定义，如“道德榜样是道德教育的重要方法，它是一定社会依据社会制定的道德准则、规范、评价，对其社会成员进行道德价值导向，引导受教育者学习、模仿道德榜样，使受教育者的品德与其所模仿者的品德接近、相似乃至相同，”[②] 我们很难严格地将其区分开来，因为从动物性的模仿特点来说，模仿是一种动物生存的习性，对于人来说，则是附加了情感的模仿习性。

有的学者在分析我国历来的道德教育价值趋向时指出，我们的道德教育的根本指向不在于个体，而在于社会的发展，也就是个体只是一个“过程性过客”，是“以传递、灌输某种终极价值为依托，将道德教化的目的指向一个完美道德社会的实现，而非现实的社会生活，以培养高度理想化、超越性的道德为己任，将个人的日常道德修养纳入宏大的社会历史目标中。”[③]

道德虚构的道德教育运用能够反映人的认知发展程度和文明发展程度，当人的认知发展到能够自我反思、自我塑造的水平，道德虚构的道德教育功能则会被削弱。而文明程度越高，代表人性的高贵与光明的文明越发展，相应的道德虚构中的消极功能也会被弱化乃至摈弃。相反，在一个时代中，道德虚构的消极功能

① 李清雁，易连云．儿童道德智慧的养成 [J]. 学前教育研究，2009.05.
② 王海明．论道德榜样 [J]. 贵州社会科学，2007(3).
③ 李伟言．当代中国德育价值取向转型的理论研究 [D]. 长春：东北师范大学，2005.

越重要或者常常被当作可以利用的工具，那么，这个时代人的认知发展和人性文明则越狭隘，同时，通过道德虚构的不断教育和强化，可以对人性的狭隘发展趋向起到推波助澜的效果。导演宁浩在其电影《无人区》中有一个发人深省的反思：当我们的社会秩序、道德、法律都消失的时候，人的本性会剩下什么？宁浩认为人和动物之间最根本区别在于使用火。火是人类真正的文明（不同于其它的用以谋利的带有文明幌子的工具），是人性高贵和光明的一个缩影，因为火的使用初步开始使人和动物有所区别——动物只知利己，只是存在，而人却能利他，是在生活。

第四章　道德虚构的变革与实践

人人皆具美德，是人类社会发展的共同愿景。在传统社会，道德源自人类社会生活所约定俗成的风俗习惯，产生于人们长期形成的规范伦理。而随着整个社会结构和人们对于自我认知的发展变化、公共生活领域的持续扩张和私人生活领域的狭窄化，[①]这种风俗习惯正逐渐被淡化。道德所仰赖的传统环境已经丧失，道德异化为诸如法律和规范之流的约束体系，甚至汰变为日常生活的外在装饰。1971年，约翰·罗尔斯出版了《正义论》，试图从道德建构主义的角度重新匡扶规范伦理的地位，以及十年之后，阿拉斯戴尔·麦金太尔《After Virtue》的出版，都昭示了长期以来西方以理性主义和规范伦理的方法追求最广泛正义的实践走向了衰退。于是人们希望再次回到亚里士多德那里寻找智慧，重新定义美德获得的路径。

道德虚构的再次兴起，便是人们基于美德伦理的主动实践。道德虚构主义（moral fictionalism）作为晚近新兴的一种元伦理学，为道德虚构作为一种道德教育模式提供了理论支撑，它采用了一种温和的态度，既承认了道德话语背后的规范性特点，同时也接受了道德本体虚无的特征。本研究所讲的道德虚构是指为了在公共领域推行美德，接纳道德话语的重要意义，道德权威通过将抽象的道德理念形象化、具体化的方式，赋予一些实际存在的社会形象和事件于道德意义来塑造美德实践范本的方法。良好的道德虚构有利于道德教育目标的实现，也有利于整个社会的和谐一体。

① 本书所涉及的公共领域和私人领域概念，采用费孝通先生从社会学角度的定义：公共领域即陌生人的领域，私人领域即熟人的领域。所谓熟人的领域指的是传统社会依托伦理关系所形成的伦常环境，而陌生人的领域指的是原本毫无关系的人的集合。

一、道德虚构的实践限度

道德教育的范式转换与人类文明的转型发展总有着无法分割的联系。近一个世纪以来，随着现代商工文明的强势扩张和信息技术文化赋予技术前所未有的能量，人类对于未来生活世界的样貌，展现出了前所未有的自信与向往。在人们思维经过剧烈转变的同时，传统道德教育方式在外部环境的影响下面临着深刻的“生存”危机。道德虚构的现实遭遇，正印证了文明转型和文化发展对道德虚构变革的迫切要求。当前，道德虚构依然对我国具有重要的意义，但是对于其价值的探讨似乎还未能达到理论层次的共鸣。更为重要的问题在于，我们的道德虚构是否还有必要坚持原本的范式？或者说，作为一种现代道德教育模式，道德虚构又应该保持怎样的限度？本文拟对以上两个问题进行探讨，以期引起学界更广泛的讨论。

（一）道德虚构：作为当代道德教育模式的争论

道德虚构作为教育实践最早可追溯到农耕文明初期，而其作为成熟的道德教育模式，则成型于封建社会。在现实道德教育中，道德虚构仍旧被作为一种模式加以理解并使用。然而，在不少研究者看来，由于社会文化背景的变迁，道德虚构的适用性似乎已有待商榷，并由此产生了一系列疑惑与争论：

其一，从产生和发展的时代背景而言，道德虚构已经落后于现代中国的道德语境。首先，传统中国形成了层次性鲜明的道德层次和道德教育层次，构建了以家庭、学校、社会（国家）和宗教等为教育功能承载的完整体系，其中的规范性道德内容实现了与律法的有效结合，满足和维持了社会组织的有序运行，德性内容则通过行而上的设计，与“天”、宗法和王权进行了逻辑上的糅合，满足了具有更高道德发展希望的士族阶层需要。其整个体系重心却都在于实现儿童如何能够顺应权威的道德要求。而近现代工业文明的出现、以信息化为特征的商工文明的崛起，人类对于文明和文化都有了更高的认知，在政治、经济体制设计上更加倡导尊重和发展人性，在与自然、他人相处中更加关注通过符合时代文明的方式发展自己，在教育中也更加重视儿童通过接受怎样的道德教育实现完满的生活。因而，有的学者指出：仅从人类文明的进展而言，将农耕文明时期产生的道德虚构作用于现代道德教育，同时由于传统的生存方式的改变、新兴文化的诞生，从世界范围来看，旧的道德文明正在遭遇被不断检视，乃至抛弃，其时效和实效性令人质疑。

其二，从中西方道德教育的发展历程来看，人们始终在尝试构建一种可普遍化的道德教育模式，从而能够兼顾出于社会需要的义务（obligation）的道德，和超越“绝对命令”式的抱负（aspiration）的道德。传统道德虚构的目标在于为人们提供一种非个体化、客观的道德标准，其核心内涵在于“美德可教”，承认美德获得的连续性和必然性，通过将道德内容层次化而赋予道德教育活力。从实际效果来看，近代西方以马基雅维里、卢梭为代表的政治伦理学派构建的德政分离体系，放弃了在政治体系纳入德性教育的主张。与之相应的是，现代西方许多国家或早或晚的放弃了道德虚构，至少是在公共领域放弃了道德虚构，构建了有别于传统的公民教育体系，其追求卓越和崇高德性的部分交给了宗教来实现。他们期望在人性的低处重新建立起一个有别于德性社会的全新社会，通过降低道德目标建立公民社会体系，一切都以政治化的人的权力或普遍的公共认可为基准，使每个现代人在政治社会中都可以获得普遍的正义（道德），将道德事实留给了公共领域。

其三，从现代道德教育的目标来看，现代教育的目标旨在把儿童推向理性的境地，而道德虚构的方法论则体现了教育者的主观意志，其价值指向是为占话语主导权力阶层的利益服务，有悖于现代道德教育理念和发展趋势。研究者们认为，历史中的道德虚构主要包括两方面的内容：其一是掌握话语权力的群体为了维护和延续自己的利益，虚构出基本的、代表自己意愿的，诸如善、恶等决定道德观念和道德教育根本方向的纲领性概念；其二是为了使这些抽象的概念更具说服力和控制力，在虚构道德概念的基础上，对前世、现世的个体或群体进行虚构设计，将他们形象的变成了道德的典范形象，进而完成德性教育和培养美德这一目标。然而，“真实的历史对象根本就不是对象，而是自己和他者的统一体，或一种关系，在这种关系中同时存在着历史的实在以及历史理解的实在。”[①] 从这个角度而言，历史上的道德虚构意义在于其独特的历史情境而存在，即使在权力意志的主张中，

① ［德］伽达默尔著．真理与方法——哲学解释学的基本特征 [M]. 洪汉鼎译．上海：上海译文出版，1999.384-385.

生命本身被定义为对外在形势越来越合目的的内在适应，那么，不符合现实语境的道德虚构，无疑会被抛却。

结合上面的观点，我们不难发现，研究者们持消极态度的原因，根本原因在于他们是从现实的维度反思历史，从历史的结果推论运用于现实的可能。然而，道德虚构在传统中国的流行并不完全是阶级社会的产物，而是其合理的价值特点与我国道德教育生态共同作用的结果。

（二）道德虚构的实践价值特点及现实德育生态

道德教育的核心问题在于实现“被教育者”[①]对于国家和社会道德理念的价值认同，被教育者的价值认同依赖行之有效的道德教育模式。道德虚构模式强调间接经验获得对行为影响的效果，突出了个体道德发展与国家、社会道德要求之间的协调统一，重视被教育者作为主体意识在道德实践过程中的独立性、主动性和享用性，从而为道德教育的实效性产生积极的促进意义。

首先，道德虚构让被教育者观察学习在前，让被教育者自行感知自己所面临的道德问题，从而使得道德教育能够真正指向被教育者的道德学习时所面临的困惑。班都拉的社会学习理论形象地阐述了社会性道德获得的实质，被教育者能否从道德习得走向道德实践，是道德教育是否具有实效性的重要标识。以灌输为主要方式的说教性道德教育模式，将大量的时间用于对道德知识学习和道德行为解读，而割裂了其与道德实践之间必要的联系，更缺乏道德行为发生后的必要强化，这意味着说教性模式的主要精力用在了应对道德知识的获得当中，而真正能够促进被教育者道德发展、使学生具备某种道德品质，决定行为的结果因素却缺乏必要关注。正因为如此，道德教育的低效性成为学校教育发展的困境之一。“教唆不是教育，纯粹技术性的训练也不能说是教育，教育在追求善的同时抑恶。不用说，它是以善恶分辨为前提的。”[②]道德虚构把道德行为的发生及结果置于最重要的地位，并尝试将其以间接经验的方式传递给受教育者，真正实现道德知识与道德实

① 本书采用“被教育者”这一概念，而未使用“学习者”等词语，旨在澄清两个含义：其一，作为“绝对命令”式的道德义务，体现的是国家、社会在维护群体利益最大化中的专断和强制性，个体在此中必然是被动的角色；其二，作为德性需要的“抱负”的道德，虽然并非由一系列个体必须服从的禁令而构成，然而，作为道德文化的后延承者，绝大部分的德性内容早已被国家、种族内的“英雄”所创造和证实，后延承者只需要情感认同与身体的践行即可。因而，个体在此中仍然是被动的角色。

② 刘庆昌．一种对教育的人文主义思考 [J]. 山西大学学报 (哲学社会科学版),2016.04.

践的统一，在行善和拒恶之间建立起明显的屏障，这显然是对说教性道德教育的改进。

其次，道德虚构通过将抽象的德性要求以符号形式表象化，使道德学习成为围绕一定道德行为展开的实践性活动，凸显了被教育者在道德教育过程中的自主理性。毋庸置疑，道德教育的根本任务是发展和完善个体的道德品质。在日常生活中，道德一词常常与规范等相混用，其观点体现了道德教育的适应性特征，即道德教育应当引导和帮助受教育者适应外在的道德要求。然而必须承认，他律性道德的稳定性和有效性都非常有限，取决于外部环境、即外界整体道德系统的运行状况，外界道德系统、秩序一旦震荡或破坏，个体的道德认知结构就可能会发生崩溃，我们从历史和现实中，已经目睹了许多诸如此类的事件。诚如鲁洁先生所言，道德教育应当“具有高于现实社会的特性”。[①] 无论在历史抑或现实维度，规范性道德及其内容都有明显的理性逻辑特征，其价值常随着某种政治形态和文化的消亡而消亡。有别于直白的规范性道德，德性内容则显得更为抽象甚至空洞。现代教育观认为：被教育者的道德生长依赖于其在道德教育活动中的主体性彰显。道德虚构的设计理念便是通过包含某种德性内容的虚构对象从他律性道德强制向自律性道德认同的升华，实现虚构对象的主体性实践，达到个体超越性道德精神与国家、社会道德要求之间的协调统一。道德虚构是对适应性道德的超越，体现的是个体对现实世界他律性规范道德的超越，其实质在于道德实践者的主体性发挥，对于引导受教育者形成牢固的道德意志和稳定的道德品质具有积极意义。

再次，道德虚构注重教育者作为主体意识在道德实践过程中的独立性、主动性和享用性，它弥补了神圣秩序消失之后，崇高德性获得的可能。神圣秩序是指以王权和宗教为特征的价值体系社会，所提倡的源自宗教的形而上学意义上的抱负性道德，即以王权和宗教利益为指向作为德性的抱负性道德内容构成的价值体系。“宗教社会的道德主体在道德实践上均是自觉、自律的，在内心有神学强制力量的监督下，经过漫长的历史沉淀、固化形成了理性或非理性的社会契约。”[②] 在中西方很长的一段时间中，宗教性的神圣秩序具有深远的价值，如果抛却其消极性内涵，它不但填补了个体德性发展的愿望，同时也弥补了规范性道德难以触及的区阈，或者说给诸如权力阶层的法外之人同样增加了为恶的限制。“人类文化和文

---

① 鲁洁 . 论市场经济条件下的德育价值取向 [J]. 求是 ,1994.04.

② 任辉 . 论社会结构、道德实践和道德有效性 [J]. 伦理学研究 ,2014.03.

化人类的超越意义，恰恰体现在其追求理想的精神超越层面。”① 柏拉图认为美德和人性的卓越是一种少数人偶然性的获得（拒绝平庸），然而，这与人们的期望以及城邦的需要是相违背的，于是他主张通过“高贵的谎言”的道德虚构方式来告诉民众美德是可教的，进而引导民众去追求人性的卓越。因而，道德虚构是在承认美德可教假设下的必要的过渡。西方政治社会化取向的以权利和义务为规约的社会体系，放弃了道德虚构，将个体美德的获得交给“上帝”来实现。中国则选择了与西方不同的做法，在中国，道德虚构从来未曾离开我们的现实生活，并且在道德教育体系中发挥着重要的作用。基于传统中国道德思想理念和社会主义道德要求，我们相信德性生活的精神性引领价值，而在德性社会与政治社会之间的鸿沟，需要在政治社会中树立一种德性社会的样本，即通过道德虚构的方式，来填补这一空白。

最后，在上述意义上，我们认为道德虚构作为一种道德教育模式在现代的发展，有其现实的意义和必要。一方面，他结合了我国道德教育理论与实践对德育实效的追求，能够突破长期以来面临的多元道德价值困境；另一方面，它契合了我国社会主义道德教育发展的内在要求，与我国的政治教育、榜样教育具有内在的统一性。

（三）道德虚构：作为现代道德教育模式的限度

道德实践的有效性既能折射出一个特定社会的总体面貌，也能客观反映出道德教育在社会生活中的有效度。道德虚构作为道德教育模式，固然其自身独特的价值指向。但任何一种道德教育模式的适用性，都必须要从道德教育的基本范畴予以考量，这既是对现实生活世界道德教育环境的理性考察，也是对于道德虚构负责任的建设性批判反思，不仅能够帮助人们理解和还原道德虚构出现困境的原因，同时对于重塑和发展其德育功能具有积极的意义，进而对其可用的范围与程度做出必要限定。

第一，道德理念的单一价值指向与社会价值多元之间存在的张力，决定了道德虚构无法成为一种能解决所有问题的万能模式。我们从若干年来学界提出的诸多道德教育模式可以看到，每一种道德教育模式都有特定的德育目标指向。道德

① 宋晔，牛宇帆．人性复归新思路：生态德育——基于生态伦理的德育思考 [J]. 教育发展研究，2017.02.

虚构作为一种道德教育模式，对于道德学习直观化，将抽象的道德要求以符号的形式表象化，和提高道德实践过程中的独立性、主动性和享用性具有积极的意义。然而，“个人具有什么样的目的、需要、价值，将取决于他所属的社会制度的性质。”① 在传统中国的社会语境中，同一价值指向的道德理念对于维系权力稳固和社会稳定有着极其重要的作用，认真审视传统道德虚构下的许多样本可以看出，这种以教化为主要功能的道德教育模式，都实质性的忽略多元价值观念的出现。罗素说：“每一个社会都受着两种相对立的危险的威胁：一方面是由于过分讲纪律与尊敬传统而产生的僵化，另一方面是由于个人主义与个人独立性的增长而使得合作成为不可能，因而造成解体或者是对外来征服者的屈服。”② 强行使用本不合适的方法，最后只能导致失效甚至是价值的崩溃。我们从原生形态道德故事的日益枯竭和衰落状况不难发现，在人们把全部精力投入到现代物质的生产和追逐之中时，人们对于原生形态道德虚构形式和内容的态度，已经降低到从来没有的低点。其根本的原因在于，传统的道德虚构由师者和长辈等贤德之人完成，是基于知识和地位不对等的模仿学习，其叙事语言的笃定、叙事方式的真诚和叙事环境的适切，共同保证其意义的实现。而现代社会，似乎不具备这样的条件。因此，道德虚构对于单一价值指向下的道德学习直观化、抽象的道德要求表象化、提高道德实践过程主体的参与性具有积极的意义。但站在社会价值日趋多元的立场来看，受教育者未来可能面对的道德场域绝非单一价值所能涵盖，道德虚构又有其局限性。

第二，道德理念内在结构的差序性与道德主体间性关系之间的张力，意味着道德虚构模式难以囊括所有的道德教育目标。在古代以道义论为基础的，以专制、封闭为特征的外部社会环境只是对道德主体提出了非常高的道德义务，严格要求道德主体不假思索地履行各种义务，对于道德权力却没有任何规定，从道德意义上贬损了道德实践者的理性价值和主体地位。在这样的环境之中，个体道德行为的发生只需要具备两个基础，其一是对于道德的认可，即个体对于权威或权力意志界定之道德的认同；其二是道德社会应该为道德行为提供保护。即杜时忠教授所言的：“道德行为发生的具体条件：个体对‘道德’的认识与体验；社会对道德

① ［美］阿拉斯代尔·麦金太尔著 . 伦理学简史 [M]. 龚群译 . 北京 : 商务印书馆 ,2004.212-240.

② ［英］罗素著 . 西方哲学史 (上卷)[M]. 何兆武 , 李约瑟译 . 北京 : 商务印书馆 ,1996.24

行为者的切实保障，特别是制度保障。”[①] 根据同样的逻辑，还可以将传统道德虚构的德育目标剥离分为精神性德育、政治性德育和规范性德育。道德虚构内在结构的差序性，保证了受教育者依据一定的道德准则，就可以受到国家意识形态、社会组织规范等社会意识的接纳，其体现的仍旧是主体在道德参照系里的他律性生活状态。然而，诚如尤尔根·哈贝马斯所言，和谐社会生活中的交往行为应当是主体间的行为，意味着和谐社会生活中的道德教育方法应该摈弃差序性思维，其道德理念应该建立在交往理性的基础之上。因而，就道德虚构的道德教育模式而言，它对于差序性社会结构中的道德提升确有其价值，但是，站在道德主体间性关系的立场来说，作为道德教育基本要素的受教育者，甚至很难了解作为道德主体具有的最低社会权力和自由度，更不用说其独特的主体性地位。

第三，道德教育模式建构的理想性与现实道德遭遇可能性之间存在的张力，需要我们反思道德虚构实效性产生的支持条件。从一定意义上来说，道德教育模式都是基于理想环境的建构，是研究者对于期望实现的道德教育效果的设计，因而，多么科学、理性的预设，都应当具有超前性和滞后性的双重特点。具体到道德教育实践而言，实效性的产生就需要更多的支持条件。从道德虚构的道德教育模式来说，它至少需要两个方面的支持条件：一方面，就被教育者而言，它要求被教育者具备一定的理解能力和服从道德权威的欲望，是道德教育发生的先决条件，因此，道德虚构设计应当注重被教育者的身心特征和文化特征；另一方面，就道德虚构的道德事实而言，作为一种基于观察学习的教育范式，它除了要求道德事实的真实性之外，还要求道德事实具有逻辑性和现实性，逻辑性是指道德事实能够经得起理性的推理，既没有出现非逻辑性的内容，也不会有逻辑悖论的情形产生；现实性是指个体在现实生活世界遭遇同样道德困境的可能性，即道德虚构应该基于被教育者的生活世界。在传统道德虚构中，诸如反自然现象、逻辑悖论等内容不胜枚举。“故事在赞扬故事中人物‘善’的道德品质的同时，却忽略了甚至无视‘恶’的情况的出现，”[②] 这与故事的设计逻辑有直接关联。显然，就这两个方面的因素来说，道德虚构在现代社会的运用就将面对很大的限制。也许从理想的应然角度思考，道德虚构能够实现某种期望的效果，但是由于被教育者的自身条件和无法预知个体现实道德遭遇的可能性，以及现代价值多元导致的个体

① 杜时忠 . 人为什么要有道德 [J]. 中小学德育 ,2013.06.

② 赵国栋 . 传统故事在现代德育中的理性诠释 [J]. 上海教育科研 ,2010.04.

对于不同价值理念的认同取向，都会变成客观障碍。这同样会影响到道德虚构作为道德教育模式的实际运用。

二、反思：传统道德教育模式的现代价值

美好的道德思想意义，除去它对道德教育实践的直接价值，更重要的是它能够启发人们认知道德的唯美，它能够平复我们基因中的恐慌和失意，在平庸、平常的往复生活中，朝着超越功利主义生活的精神目标前进。在阶级社会，道德的具有“克服人的自私本性带来的破坏性”的社会属性，① 无法避免的是，如同其他教育一样，人类的道德教育常常遭受着被功利主义掌控的命运，他们都想从道德教育中获取他们想得到的东西。因而，我们看惯了非此即彼一般时而被树立、时而被颠覆的道德形象。

道德虚构主义是一种温和的道德重建理想。历史表明，每当出现人们所无法接受的罪恶、腐败等恶性社会现象时，也往往是道德重建之日。杨深认为道德重建理想是社会所容易接纳和更需要的价值，“总有一些敏锐的思想家感受到改革的不可避免和重建道德的必要性与紧迫性，力挽狂澜，筚路蓝缕，树立一种新价值，造就一种新道德，努力建立一个新秩序。这些人不仅是愤世嫉俗的批判者，而且是道德理想和道德秩序的重建者。”② 代表人物有孔子、卢梭、康德、马克思等。自柏拉图提出城邦的概念之后，如何协调城邦中人们的道德价值思想的统一是权力意志非常关注的问题。西方依据公民理念，构建了以权利和义务为基础的公民社会，进而形成了一套系统的公民教育体系。公民社会将道德规范或者说较低层次的道德作为法律的规定，将个体对于崇高德性的追求留给了宗教来完成。然而，对于社会主义国家来说，通过宗教来进行道德教育显然是无稽之谈，而道德虚构则能实现这一目的，同时，随着文明的发展和人们的觉醒，甚至是宗教控制力和影响力的衰退，道德虚构对于西方的影响力也在逐渐增强。

道德虚构也是个体德性观念觉解的重要辅助。冯友兰先生在其《人生的境界》之中提出了觉解这一概念，他认为人生的境界，不在于行为，而在于个体对行为

---

① 辛治洋 . 回归道德教育的“集体主义”原则 [J]. 西南大学学报 (社会科学版),2016.03.

② 杨深 . 从道德虚无主义走向道德秩序重建 [J]. 哲学研究 ,1995.05.

的认识。同样是扶老人过马路的道德行为，智力较低的人是动物性模仿，既无觉解、也无意识，是一种自然境界；而有些人为了得到老师的表扬，都纷纷上街扶老人马路，甚至强迫老人过马路，则是一种功利境界；而一个富有同情心的人，既非功利的目的，也非动物性模仿，而是觉得应该“老吾老以及人之老”，他知道“善欲人见，不是真善”的道理，这便是道德觉解的境界。道德虚构是个体德性观念觉解与升华的重要辅助，我们从中国传统道德虚构的层次中可以知道，它根据人的道德觉解程度划分为不同的层次，满足了不同人或者人在不同道德发展阶段的需要。

毋庸置疑，道德虚构作为一种道德教育模式，具有独特的价值追求和现实意义。但是我们也应当承认，无论从其现实遭遇抑或未来的实践，这一道德教育模式必将面临诸多的阻碍和困境。一方面，这种阻碍和困境的产生，源自其自身的限定性；而另一方面，则是我们作为现代人，对于传统道德教育缺乏基本的文化自信。就本书而言，与其说我们在继承、修正或者改造传统道德教育范型，其实是它们为现代道德教育困境提供了一种不同的思维，帮助现代人走出自己作的茧。这应该归咎于在我们所谓现代性的过程中，否定了传统本应是现代性起点的逻辑，或者说传统和现代并非非此即彼的关系，而是动态的互补过程。也正如易连云教授所疾呼的：“以新的时代背景为基础对其进行重新定位与创造性突破，这其中不仅是‘范式’的转换，更涉及思维方式的改造和重新定位。”[①] 从这个意义而言，只有当我们站在方法论的逻辑上来审视道德虚构的价值，对其中多重关系展开全新的思考，才可能避免这一道德教育模式在实践中的异化，走向形式化、甚至变为附庸的道路。

（一）重估：道德虚构的边界

边界与限度有所区别。边界是一种有限度的广度，反映的是主体与之交往的外在关系，是指为主体之行动所设置的具有空间限度、却又能自由的使主体升华其意义的界限；而限度则指的是其内在的深度，可以限制主体行动的任意性，是对主体的价值取向必要的调节性限制，并可以使其成为主体自觉而有意义的基础界限。边界和限度的共同规约，可以使道德虚构的内在和外在秩序得以重建，基

① 易连云．传统道德教育研究的范式转换 [J]. 教育研究 ,2010.04.

于边界和责任所附带的责任价值也可得到充分的彰显。

上古乃至传统的道德虚构缺乏明显的边界，其中蕴含的政治与道德之间的交膈、权力和阶级性的对立等内容，既不能表达古代道德哲学所尊崇、追求的道德精神，更无法体现道德行为主体的理性意志。现实道德虚构虽然经过了时代的部分洗礼，却依然存在诸多的问题，最为重要的是缺乏必要的边界和限度，如道德虚构与政治教育的边界；道德虚构与道德教育所追求的至善之间的边界；道德虚构中公共领域、私人领域道德的界限；道德虚构中的虚构的限度等问题。亚里士多德讲道："道德德性是灵魂的欲望与感情的活动上的德性，道德德性是我们欲望与感情的发展上的优良状态。它原本的生成原因是习惯的训导与矫正。"[①] 道德德性的养成与发展离不开道德教育持续的正向刺激，崇高的道德德性是道德主体内心的真实情感的反映，道德虚构的越界与过度不但会影响到其自身功能的释放，同时也会破坏个体的道德情感。厘清这些问题，对理解道德虚构中存在的问题，重塑道德虚构的道德教育可能性功能具有重要的意义。

1. 道德教育目标的至善追求与道德虚构的阈限

在中国的教育语境中，无论是传统抑或现代，道德教育对于至善的追求似乎是不言自明的真理，道德教育的目标就是培养个体的道德品质，使个体成为灵魂高尚、完美无瑕的圣人。同时，这样的思路也一直被作为道德虚构的价值指向，然而，结果却并非如教育者所愿。前文谈到，一方面，道德虚构无处不在，似乎其正能量仍在发挥着重要的作用，而另一方面，道德虚构正在逐渐的脱离指导人们道德生活，其中的最主要原因在于，道德虚构难以承受道德教育至善追求之重，道德虚构有其无法逾越的阈限，因而，道德虚构需要保持其对于道德教育的必要自制。

道德教育的目标及其难以承受之重。"德育中并不存在先验真理范式，德育的现实理性和判断标准是培育美德，德育范式有其背后的社会背景，不能简单的预设某种德育范式的真理性。"[②] 无论在西方还是传统中国的伦理思想史中，道德和道德教育的至善追求一直都占据非常重要的位置。西方的柏拉图、亚里士多德，到康德乃至麦金太尔，中国的孔孟儒家，无不对"止于至善"有着殷切向往，并且希望将其作为道德教育中的最高道德追求。康德将道德至善的论调发挥到了极致，

---

① ［古希腊］亚里士多德著．尼各马可伦理学 [M]. 廖申白译．北京：商务印书馆，2003.1103a4-16.

② 冉亚辉．德育基本理论元分析论纲 [J]. 教育评论，2013.05.

他说“理性的本性作为自己的目的存在——在行动中，要把不管是你自身还是任何其他人的人性都永远当作目的,永远不能只当作手段。”[①] 他认为人的本质是理性的道德存在，道德是个体的特性而非外在的手段，人性作为道德性存在的核心特征，而道德就是人的责任。

然而，不难发现的是，道德教育由于机械照搬道德至善学说付出了沉重代价。“道德是以人的理性自由为前提的，这包含两方面的意思：一是对任一行为者而言，其行为必须以其自身的理性自由为依据；二是任一行为的发生，必须以行为承受者的理性自由不受侵害为尺度。”[②] 我们说，道德教育自身应该遵循一定的道德和正义，即道德教育应当遵守的规范。假设其遵循的道德和正义是与公认的社会生活所推崇的规则不相符、甚至相违背，如此的道德教育就难以作为代表社会发展方向的道德承载，因为其无法满足道德教育接受者应然的社会道德生活需要，更不能给道德教育接受者带来马斯洛所言的归属与爱的需要满足、甚至必要的安全感，道德教育难以成为个体实现其社会性价值的纽带。因此，当道德教育丧失了道德的根基，走向时代道德的对立面，道德教育的实效性便不言而喻了。因此，道德教育的至善追求，应当保持合理的阈限，否则将难以承受道德至善带来的道德教育后果之重。

道德有其天然的阈限，并且严格遵循“过犹不及”的铁律。虽然在不同的阶级社会、不同的文化历史背景下，甚至对于不同的社会人，道德的阈限也可能是不一样的。然而，超越或者脱离这一阈限都会被定义作不道德，在每个历史时期这一点是相同的。

其一，就道德作为本体而言，道德行为的主体由于道德的原因而发生所谓之道德行为时，如果其所代表的道德范畴超出了一定的阈限，会使其行为由意愿上的道德变为实际结果的不道德（如道德悖论的发生)，其根源在于道德界限的越界。如我们通常所言谈之谦让美德，在很多时候缺乏严格的边界，意味着谦让这一美德是以绝对义务出现的，现实生活中发生的此类矛盾也有不少。当道德失去了阈限，行为者本身非但得不到道德之为的快乐，还会造成其理性自由的压抑与束缚。因为，绝对义务或者超越道德阈限之为通常是不容他人辩驳与申诉的，同时，对于道德行为承受者而言，事实上与道德上的不平等，实则是对道德行为承受者的

---

① ［德］康德 . 康德文集 [M]. 北京 : 改革出版社 ,1997.92.

② 孙彩平 . 道德阈限与道德教育的禁忌 [J]. 南京师范大学学报 (社会科学版),2002.06.

不尊重，按照其定义的“好的道德品质”去做一件道德的事情的时候，我们不难发现很多行为存在着道德悖论。因此，道德必然有其无法回避的阈限。

其二，道德阈限的缺失会造成道德主体道德理性的发展局限乃至丧失，“一种抽象的道德把一个预备好的网格放在行为以及一个人的活动和关切上，之后，一个人就倾向于只把他的行为和生命的各个片段看作是这个网络的网格线所划分的那个样子。”[①] 道德有其规范性的意义，然而完全失去道德理性自由和道德情感的道德价值指向，是对个体自由意志的戕害，个体的道德行为弱化为一种简单的卑从，而非道德生命的释放。

道德虚构的阈限。前文谈到，道德虚构应当从两个方面去探讨，一种是从道德本体论和认识论的角度，由于道德的本体虚无及道德对于人类不可代替的作用，因而将道德以道德虚构的形式予以理解和保留，另外一种则是赋予某种行为或者行动以意义，将其作为人们理解道德的中介，通过道德虚构的方式，让学习者更直观和形象的理解道德的意义，即我们通常所说的道德模范。道德虚构下的道德模范与我们通常所说的模仿以及榜样教育有着本质的区别。因而，为了维护其道德教育的道德性和合理性，体现其道德教育的独特功能和不可取代性，道德虚构需要保持必要的限度，本书认为，道德虚构的阈限主要指代四个层面：

其一是道德虚构的道德性阈限，指的是道德虚构应该坚守并维护的基本价值性限度，无论是作为道德教育中的一种假设或者是一种方法，道德虚构都应该是道德的，代表着道德教育的道德性价值指向。道德虚构既要遵循道德教育的道德性阈限，同时也要遵循其道德意义的阈限。

其二是道德虚构的方法论阈限，道德虚构的方法既不能违背道德性原则，同时也要关注道德主体的自由意志与道德理性的生长，雅斯贝尔斯说：“控制固守着人与人心灵之间无交流隔绝状态的距离，使人感觉到控制者不是出于公心，而是在使用狡计，并以被控制者个性泯灭为代价。”[②] 多数的研究者认为榜样教育、模范教育从一定程度上已经转变为控制和教化的工具，道德虚构的目标不在于发展个体的道德认知，而在于控制受教育者的思维与意志，造成了个体道德理性发展的遮蔽，因而，道德虚构应该保持必要的方法论限度。

其三是道德虚构应该保持价值的中立，所谓价值的中立并非不遵原则与价值

---

① ［美］芭芭拉·赫尔曼著 . 道德判断的实践 [M]. 陈虎平译 . 北京 : 东方出版社 ,2006.5.

② ［德］雅斯贝尔斯著 . 什么是教育 [M]. 邹进译 . 北京 : 三联出版社 ,1991.5.

的丧失，道德虚构在遵循上述阈限的基础上，应该保持必须的价值立场，如与政治教育的剥离，与极权主义、宗教等不同价值指向理念的界限。“德育的真正使命在于将社会一致认可的道德转化为学生个体的生命存在，从而塑造出一种美德的个体。在个体层面，人类的德育理想是通过善和正义的教育，使个体成为政治和道德上符合社会需要的人，德育的理想不只是体现在个体目标上，还体现在整个社会层面，期望通过有效的德育使人类社会成为平等、民主、自由的理想社会。”① 归根到底，道德虚构是道德教育的一个维度，如果失去这一阈限，道德虚构便会丧失其存在的基础和意义，“用这样的方法最容易培养伪君子和伪善的人。”②

其四是道德虚构与法律、规范的界限，在传统的道德榜样、道德模范教育中，人们认为榜样自身便是一种道德标准，一种行为规范，个体只需要用这种标准和规则来矫正自己的言行，便实现了道德虚构的功能。然而，道德虚构与规范有着本质的区别，规范一般指的是个人必须遵守的行为准则，是基本的、最低限度的道德，甚至不存在个体的理性与自由意志等高级心理活动的发生，而道德虚构则不同，其道德内涵往往是趋于更高层次的善，或者说是法律和规范难以规约的高层次的境界追求。

因而，如果要重估道德虚构的道德教育价值，重塑道德虚构的现实意义，道德虚构就需要遵循上述几点原则，反之，道德虚构将失去其本来的道德面貌，丧失其作为道德教育层面的存在基础，进而丧失了道德虚构的应然意义。

2. 公共领域与私人领域的界限

在我们自己的语境中，与西方的“公私分明”相比，我们的公共领域和私人领域区分却不甚明显。道德虚构同样表现出这样的特点。现实世界中，我们的道德虚构常常将公共领域与私人领域不加区分，并没有严格区分道德在二者之间的异同之处。如有些道德问题本应该属于公共领域的道德范畴，却没有明确或者说人为的定义其为公德，相反有些本属于公共领域的道德问题，人们也常常将其纳入私人领域，如道德绑架的发生。

于是我们可以发现，在道德虚构中，存在的教育层次和内容是多面的，既有涉及人道德修养方面的教育、传统道德教育的东西，也有强调公共领域教育的公民教育的内容。“社会向个体传播的行为的规范、原则和榜样的体系同那些满足个

① 冉亚辉 . 德育基本理论元分析论纲 [J]. 教育评论 ,2013.05.

② ［瑞士］让·皮亚杰著 . 儿童的道德判断 [M]. 傅统先 , 陆有铨译 . 济南 : 山东教育出版社 ,1984.

人的物质需要和精神需要的现实道路之间的矛盾。这些需要开始不依业已形成的道德要求为转移而得到满足。”① 如其中涉及人与社会关系领域的道德虚构，本属于个人道德范畴的私人事务，然而，我们却将其同样纳入公共领域之中，既造成公共领域的道德及其教育问题与私人领域道德以及个体的道德修养的混乱，也造成道德虚构层次性的混乱。

随着现代性、后现代主义等概念的提出及其后果的逐渐呈现，公共领域的诉求在现代性问题中的重要性日趋加深。众多的学者们认为，后现代思潮的出现消解了公共性的特点，“后现代思潮却倾向于认为，现代性问题的根由就在于理性主义、本质主义、权力中心主义的公共性原则与价值理念，进而主张解构、差异、多元。”② 然而，我们也可以发现，其消解的仅仅是近代以来的一些以极端思维提出的公共性视阈问题。由于社会文明的发展和阶级对立的逐渐消退，传统道德教育中所构筑的层次性特征已经失去了现实可为的环境，而新的道德环境尚未完全确定，因而，道德虚构可为环境呈现出复杂的状况。但是，现代社会公民权利的日渐凸显和公共领域生活的社会需要，要求道德教育必须关注公共领域和私人领域之间的界限，其根本主旨依然在于通过分辨二者的区别，解放个体身上的历史枷锁，改革道德教育的消极作用。作为道德虚构来说，也需要厘定道德虚构中公共领域与私人领域的必要界限，进而适应社会发展的道德需要，提高自身道德教育的时效性和实效性。

从古希腊开始，公共二字就意味着在社会层面存在的私人之外的非个体性，哈贝马斯看认为，所谓公共性乃是以社会层面来划分的，以公私二元对立为特点和基础的功能性概念。公共领域，指的是人们在公共生活和公共交往中逐渐形成的，沟通除血缘、家族等同邦人关系，将其他公民作为与自身同等地位，而形成的公共交往生活范畴。阿伦特说，“他们被囿于自身单一经历的主观性之中，只要这一经历不变，它就不会停止表现出这一单一性。当人们只从一个角度去看世界，当人们只允许世界从一个角度展现自己时，公共世界也就走到了尽头。”③ 公共交往是人类社会发展的一个重要进步，是人类由动物性的自我世界发展到意识到他人

---

① ［苏联］B.B. 鲍尔仁赫著 . 道德调节的特征、界限和可能性 [J]. 傅国强编译 . 道德与文明 ,1989.05. 编译自 :［苏联］《哲学问题》,1987.09.

② 沈湘平 . 论公共性的四个典型层面 [J]. 教学与研究 ,2007.04.

③ ［美］汉娜·阿伦特 . 人的条件 [M]. 上海 : 上海人民出版社 ,1999.45.

世界的重要里程碑。公共领域对社会发展有着难以舍缺的作用，当社会缺失了公共领域，仅以个人的、主观的角度理解世界的时候，我们所说的文明与进步也就只是泡影而已。

无论在古代还是柏拉图笔下的德性社会、古希腊城邦社会中，公共领域和私人领域没有明确的划分，或者说当初是只有公共、而无私人的社会结构。但是，进入现代之后，却发生了重大的变化，现代社会中的公共领域和私人领域已经被区分开来，这一点在西方尤为明显，个人意识的觉醒、公民社会的构建、政治社会化的出现等原因导致公共领域和私人领域的界限越来越明显。“现在所言的道德教育，主要是指个体与个体，个体与群体、社会，个体与自然的行为规范的教育。”[①] 我们所讲的道德教育主要指的是，个体在的社会化生活中应该以怎样的道德态度和道德方式来规约自己，进而实现共同利益的最大化，进而实现个体更完满生活的获得，道德教育的主旨是对于个体的约束。

3. 虚构的必要限度

德育研究者在初做研究时，往往会陷入一种自我的反思，思索一些似乎已有定律的元问题，如人为什么要有道德？应然的道德教育中的道德与现实中的道德一样吗？如果是不同的，那么现实的道德教育道德与否？道德虚构同样应该经得住如此的诘问，否则，不道德的道德教育何来德育之用。

杜时忠教授认为：“人为什么要有道德：一是道德产生的终极根源，即人类社会欲望无限与条件有限的永恒矛盾，道德是解决方式之一；二是道德行为发生的具体条件：个体对‘道德’的认识与体验；社会对道德行为者的确实保障，特别是制度保障。这种分层分析的合理之处在于，强调了道德源于生活、服务生活的立场；区分了社会现象的道德与个体现象的道德；注意了道德的二重性，即主体自律性与社会规范性。”[②] 杜教授认为道德的出现能够化解人类的一些矛盾，同时，需要注意的是道德行为的发生需要具备两个基础，其一是个体对于道德的认可，即个体对于权威或权力意志界定之道德应该有着理性的认同，道德内涵及其要求是基于个体、群体美好生活的获得；其二，道德社会应该为道德行为的发生提供基础保障，如相对应的道德教育体系，哪些道德属于公共道德范畴，那些则属于私人道德追求等异同的界分。从这个意义上来说，我们似乎也可以得出这样的结论，即一种

---

① 鲁洁，王逢贤 . 德育新论 [M]. 南京：江苏教育出版社，1994.92.

② 杜时忠 . 人为什么要有道德 [J]. 中小学德育，2013.06.

道德教育方法，其价值运用和效果实现同样需要遵循上述两点基本要求。

通过这样的视角反思道德虚构的时候，我们发现道德虚构存在虚构过度的现象，即道德教育者为了达到预期之德育目标，无意识的将一些善意的道德虚构与相对恶的道德绑架、欺骗相混同。这里所指的恶并非指道德虚构所指代价值观念的恶，首先是在道德虚构的过程中出现的，通过隐瞒、欺骗、夸大、忽视其他个体道德价值的方式，来构建某种道德形象。其次是道德虚构中出现的道德义务与超道德行为混淆的现象。个体在这样的环境中成长，根据道德行为发生的两个基本要求，不但被欺骗和谎言的外衣包裹的道德内涵难以经得住个体认真的反思与推敲，同时如此性质的道德教育只是某个时间段或者地域情景下的暂时性行为，也难以经得住历史和时间的验证。

因此，道德虚构应保持合理的虚构限度。首先，道德虚构的无限度需要以专制、封闭为特征的外部社会环境，其成立是以道义论基础的，道德教育环境设计者只是对道德主体提出了非常高的道德义务，严格要求道德主体不假思索地履行各种义务，对于道德权力却没有任何规定，从道德意义上贬损了道德实践者的理性价值和主体地位。"当教育者过于积极地干涉受教育者的理性，超过了一定的限度，则这种由道德责任出发的行为在这一界限处走向自己的反面，成为一种接近横暴权力的强制，成为对人的精神的一种戕害。"① 在现在这样讲求沟通与平等、对话与权力的社会大环境下，无限度的道德虚构难以产生满足社会需要的道德价值，同时对于道德虚构来说，也将破坏其本有和特有的道德教育功能、价值。

其次，道德虚构限度的缺失实质是功利主义价值观念作祟，不仅是道德虚构的目标发生了偏移，而且道德虚构的过程也存在同样的问题。为了迎合道德苛求，刻意夸大榜样行为的前后因果，用一切手段美化、人为地虚高道德模范的道德践行过程，以形成道德模范的完美形象。"我们不难发现道德上的权衡、考量乃至'算计'成为道德行为的主要根据，人们一方面急切地呼唤道德，而另一方面在自身道德行为上却又斤斤计较，计算和衡量所谓的道德代价和道德成本，现代人患上了严重地'道德分裂症'。"② 从某种程度上说，这也是道德虚构结果的真实写照，体现着道德教育者对他人的道德苛求。

作为道德教育研究者来说，分析和质疑道德教育内容、方法的过程，即研究

---

① 孙彩平．道德阈限与道德教育的禁忌 [J]. 南京师范大学学报 (社会科学版),2002.06.

② 王强．社会道德榜样精神的历史形态：从雷锋精神到"最美"精神 [J]. 科学社会主义 ,2013.03.

者自身道德认知更新的过程，重新思考和考量道德虚构的边界和限度，既是对现实生活世界道德教育环境的理想考察，也是对于道德虚构自身负责任的建设性批判反思，不仅能够帮助人们理解和还原当前状态下道德虚构出现的种种困境和失效，同时对于重塑和发展其德育功能具有积极而必然的意义。

（二）重思道德虚构的人性假设

托马斯·库恩在其专著《科学革命的结构》一书中的第一页写道："历史如果不被我们看成是轶事或者年表的堆积的话，那么它就能对我们现在所深信不疑的科学现象产生一个决定性的转变。"可见，在托马斯·库恩看来，历史性考察对于新事物的影响之深远。同时他又指出，科学的发展是一个伴随着革命性的飞跃的、连绵不断的过程，当一个阶段的科学理论陷入危机或者困境的时候，通常都会经历到与之前的思维方式、研究范式有着重大区别的改革，即革命的科学阶段，进而产生新兴范式的科学。科学便是按照这样的科学革命来发展与演化。

当然，在此我们并非讨论道德教育与科学的关系，笔者想说的是，今天我们看到的道德虚构现象，虽然显现出的是诸多的现实困境，然而，根据托马斯·库恩对历史性影响的解读，我们似乎更应该挖掘其根源性的问题。两千年来，人性问题一直是中国哲学的核心争论议题，所有涉及中国传统思想的内容都无法越过对于人性问题的讨论。前文谈到，人性假设对于道德虚构有着直接的影响，因而，重新思考现代意义上的人性假设问题，对于解决现实道德虚构的困境有着重要的价值。

1. 人性假设的现代发展

休谟认为，"一切科学对于人性总是或多或少地有些关系，任何学科不论似乎与人性离得多远，它们总是会通过这样或那样的途径回到人性。"[①] 在休谟看来，科学等一切文明的发展或许都是源自人性的一种需要。卡西尔则认为"一切人类知识都来源于人类本性的一种基本倾向——这种倾向在人的各种最基本的行为和反应中都表现出来。"[②] 可见，二人的观点基本是一致的。

哲学意义上的人性是推动人类发展的一种助力，而非简单的善恶判断，如我们眼前的网络，足不出户的信息，都与人性有着不可分割的联系。因而，作为道

---

① ［英］休谟．人性论：上册［M］．北京：商务印书馆，1980.6.

② ［德］卡西尔．人伦［M］．甘阳译．上海：上海译文出版社，2004.4.

德虚构来说，首先应该理解或者说遵循人性发展的基本规律，即人性发展的历时性与共时性，其次，道德虚构应该摒弃以往的那种非此即彼式的、毫无理性人性假设。

(1) 人性假设要适应道德理念的发展

自道德产生以来，先后经过三次跨越式的概念发展，奠定了今天的道德理念原型，可见，道德理念并非一成不变的，其间关于人、人性乃至何为道德的理解也是不同的，因而，道德虚构中人性假设必须要与道德理念的发展与时俱进，否则便意味着不合时宜甚至是道德的倒退。

原初的道德是类生存的需要。我们是幸运的，因为在19世纪之前，道德是属于上帝的指令，来源于超验的上帝的旨意，讨论这样的话题属于亵渎至高无上的神，是大逆不道的行为，“因为就在他们的怀疑中就有了罪恶”[①]，这一点，西塞罗给早已给了答案。道德教育的强制性与单向度特征在这一历史时期的表现，曾经表现到无以复加的地步。人类有类、群体、个体三种存在形态，因此，也就有了三种指向的道德类型。通过分析人为何要道德的根源，可以透视道德教育的价值指向，以及个体在道德教育中的处境等等。

在个体同他人和群体的利益矛盾没有产生之前，人还是类的存在，没有主体意识，因此，其道德教育形态只能称之为道德教育的雏形。当道德主体产生之后，群体间为了利益和发展，不得不依赖于群体的存在和原初的天然秩序，这个时期，道德教育产生了社会性规范功能，成了维护整个社会发展的基本保证，同时也成了所有社会人发展与完善自我所难以或缺的追求。

从史实资料可以得知，文明初期的道德教育与教育是没有分化开来的。亚里士多德把勇敢作为第一位的个别德性。麦金泰尔谈到英雄时代的道德时说：“力量在这样一种卓越（arête）概念中占有中心的位置，或者勇敢是主要德性之一，甚至可能是惟一的主要德性。”“道德教育的起源以人由之进化而来的猿类的社会性本能和‘生活规则教育’为自然史基础，在史前人类谋求生存与发展的根本动因下，伴随猿人演变、进化，与人、道德、教育在环境、劳动、交往等诸多因素的共同作用下完成的。”在这个时期，道德教育之所谓道德是以目的为取向来体现的，道德教育和身体锻炼、意志性格训练、传统教育是混为一体的，我们甚至能够看

① Zitiertbei Cicero, vgl,KurtBayertz,“Einleitung, Warum moralisch sein?”KurtBayertz (Hg.),Einleitung, Warum moralisch sein,Paderborn, 2002,S. 16.

到教育和道德教育的“强制”和“残暴”。

达尔文最早从生物学的视角探讨道德的起源，他认为道德起源于人类动物本能的延续。由于能力和认知的局限，“人类的最原始时期是一个自发的类本位时期，这时群体和个体尚未从类存在中分化出来，人的群体性和个体性表现完全溶解在人的类性表现之中；人只以类显现的方式存在。在这一时期虽然没有道德，却有自发的维持社会整体存在与发展的社会风习。”① 在这一时期，由于生产力水平和人们的认知水平的局限，初民们还没有完全意义上的自我意识，人只是类性的表现，或者说只具备了现代人的生理特征，还不能称之为严格意义上的人，因此，其道德还没有同其他的生存需要相区分，是无意识的道德。

道德发展为族群社会生存与稳定的需要。随着生产力水平的进一步提高，随着人意识的不断进步和种群发展意识、行为的扩展，出现了相同部落的分化和不同部落的交往问题。同时，图腾崇拜、祭祀等的出现，导致了诸多禁忌的产生，强化了个体和氏族的社会性联系，产生了最初的人类社会，类本位转化为了群体本位，族群之间矛盾的调节、协约和自我克制，成为他们生存的关键。人作为道德的主体开始存在，服从与协作是这一时期道德的主体，同时，从这一时期开始，道德具备了社会性的特征，道德开始担负起维护群体生存和个体间和谐的责任。

王海明教授认为，“道德普遍起源于社会的存在和发展的需要，维持社会活动秩序从而保障其存在和发展的手段，保障社会的存在发展乃是道德的普遍的总目的。”② 随着世界交往的不断扩大化，这种发生在原始时期萌芽的以族群形态出现的道德形态曾一次次的被利用，并且被各种权力和专制所掌握，作为人类历史纷争的帮凶，成为控制民众的有力武器，其最直接的表现就是国家之间的战争。

直至现代，为了维护群体的共同利益和社会稳定，我们的道德和道德教育依旧表现出强烈的社会性特征。尼古拉斯·布宁认为：“伦理学和道德都可以指体现在文化和历史传统中的、支配人们的品格和行为的社会规则。不同的社会有不同的道德标准，即或在同一时期亦可能有相冲突的道德要求，但所有道德的最重要的目标是保持社会的和谐。”③ 从契约论的角度来说，道德是维护社会生存、稳定和和谐的重要保障。

---

① 易小明．从传统道德观的认知失误看“为个体道德”生成的艰难性 [J]. 哲学研究 ,2007.06.

② 王海明．论道德起源和目的 [J]. 党政干部学刊 ,2009.04.

③ ［英］尼古拉斯·布宁著．西方哲学英汉对照词典 [M]. 余纪元译．北京：人民出版社 ,2011.331.

当道德作为个体的需要。道德是个体的需要，要从三个方面去理解。其一，随着劳动分工和剩余产品的出现，个人之间的利益观念和需求差别开始逐渐萌发，产生了个体同他人和群体之间的利益矛盾。道德开始成为个体维护同他人、群体关系的和谐相处的功能。正如包尔生所说："人们通过自己对道德的思考都会达到的第一个伟大和基本的真理——善良的人活得好，而邪恶的人活得糟。"①

其二，随着个体发展意识的不断觉醒，以及道德功能的不断衍生和丰富，道德逐渐成为人的本能，成为基于人性和信仰的自由追求，成为人的一种内在善和必要善。王海明教授从道德自律的角度论述道德的起源和目的时指出，道德和美德就其自身来说是善的，"道德起源于道德自身，起源于每个人完善自我品德的需要；目的在于道德自身，在于完善每个人的品德，实现人之所以异于禽兽、人之所以为人者。"②也正如康德所说："在世界之中，甚至在世界之外，除了善良意志，不可能设想一个无条件善的东西。"

其三，随着人类文明化程度的不断提高，人性的不断解放，自由与民主成为时代的新主题。现代法制文明的出现，权力指向的道德教育逐渐衰退，极大的代替和消解了道德的部分他律性功能，道德逐渐成为人们高尚的自由精神追求和崇高境界的价值观念。如库彻拉（Franz von Kutschera）指出："在道德问题上我们总是以自由为前提，因为对于我们而言伦理问题只发生在这样的情形中，即我们面临着一种绝对，也就是我们拥有二中选一的机会"③

2. 摒弃"非此即彼"的人性假设做法

前文提到，在现实道德虚构中，往往会出现"非此即彼"式的人性假设做法，在其中，人性被当作是恒定不变的，即善者终善，恶者终恶的思维。然而，这与我们的现实生活中的实在体验，乃至人性的理解都是相违背的。

首先，认识人性与尊重人性是文化文明的核心标志。人性假设在现代的发展远非道德虚构固守的善恶二分法，相反，在不同的领域，人们对于人性假设的看法和使用也是不同的。如在管理学领域，由于人们对现代管理的日趋依赖，以及认识的不断深化，人性假设先后分别经历了将"经济人""情感人""社会人""自我实现人""决策人""复杂人"等阶段。可见，人性假设是在不断发展变化的过

---

① ［德］包尔生 . 伦理学体系 [M]. 北京 : 中国社会科学出版社 ,1988.341.

② 王海明 . 关于道德起源和目的之理论 [J]. 现代哲学 ,2004.01.

③ Franz von Kutschera,Grundlagen der Ethik, Berlin, 1999.

程，同样，人们对于道德的理解和认知也是不断发展变化的过程，因而，现代道德虚构应该与时俱进，提高人性假设的现代化程度。

其次，孔、孟的人性论与传统道德虚构人性假设有着根本的不同。通常人们认为孔、孟的人性论是道德虚构人性假设的基础以及前提，然而，我们分析孔、孟的人性论时并未发现“非此即彼”的特征，如孔子说：“圣人吾不得而见矣，得见君子者，斯可矣。”①可见，孔子认为生而知之者的圣人是没有的（吾不得见），人性虽然善良，但是需要通过学礼，而加强自身的修养，同时，他更指出并非人人可为圣人。“孟子也并不认为人生来就是正人君子，他只是认为人性内天生含有善的因子，若不受环境的阻碍，加上自身加强学习、修身养性，人之善就会从内部自然发展出来。”②再看道德虚构中的人性假设，显然与孔、孟的论述是相悖的。

对于道德虚构来说，人性假设是极为重要的一环，能够体现道德虚构的道德教育功能的价值指向，因而，探寻现代意义基础上的人性假设发展，以及挖掘原本人性假设存在的弊病，是解构目前道德虚构困境的有力方法，更是道德虚构发展所难以回避的过程。

2. 人性是社会性与主体能动性的集合

道德虚构中关于人性的假设，极大的遮蔽了主体的能动性在其中的作用，不仅是对于人性理解的偏颇，同时，道德虚构下诸多形象的崩塌也是其难以解决的悖论问题，因而，理解与还原真实的人性，并将其蕴含于道德虚构之中，是提高道德虚构实效性的必要补充。

从需要的角度而言，人和动物是没有区别的，所不同的是，动物的需要是自然而无意识的行为，而人却是自由、有意识的，同时，人对于精神满足的需要与物质需要同等重要。从生产的角度而言，对于动物来说，其生产的内驱力仅仅是延续生命和物种的需要，是一种片面而狭隘的生存；而对于人来说，我们从自己周围丰富多彩的物质资料可以看出，人的生产的目的是丰富而多元的，人通过积极的、不断地创造来满足自己的各种需要。正是人类需求的多元和丰富，推动着社会的不断发展、生存世界的不断进步。因而可以这样说，满足人的全面的需要是人发展的根本动力。

“由于人的需求是全面的，所以人的本质也是全面的，人的需求失去了全面性，

① 论语·述而 .

② 林小妹 . 论中西方人性观的差异 [J]. 中国社会主义学院学报 ,2004.01.

人性也就失去了全面性。”① 从道德虚构关于人性假设的内容我们可以发现，道德形象被塑造成为一种单一或者片面的需要，即道德的需要，似乎其活着的目的只是为了实现那一刻的崇高与伟大，或者说其终身孜孜追求的也仅仅是道德上的超越，然而，正如马克思的理解，假如人的需要失去了全面性，那么人性也就失去了全面性，也就是说，这样的存在并不是完整的人性。

马克思将人性的生成与发展从宏观上分为三个阶段。第一阶段以人的依赖为主导地位，在这一阶段“无论个人还是社会，都不能想象会有自由而充分的发展，因为这样的发展是同原始关系相矛盾的。”② 作为个人和社会都是相互依赖的群体性生活，在这一阶段，人与人、社会之间的关系是基于血缘亲情关系与统治服从关系而生存的。我们从古代的道德虚构中可以发现这样的特点，道德的价值指向在于维护这种关系的稳定与和谐。第二个阶段是以物质的依赖为基础的个性独立阶段，所谓个性独立指的是人脱离了对他人的依附，却落入了对物的依赖，然而，这种对物的依赖却能够提高人的能力，人性能够得到多方面的发展。这一点在现代的道德虚构表现尤为明显，如将道德与生产、职业贡献相联系的方法。第三个阶段则是人的个性自由阶段，“人们将在丰富、全面的社会关系中实现自由而全面的发展，使人的本质力量得到充分发挥，并充分体现人之为人的全部属性。”③ 在这一阶段，人的自我意识得到充分的发展，即人的主观能动性和理性得到全面的发展，人不再通过依赖于外界的而获得存在的自由，而可以实现自由自觉的生命活动。通过马克思关于人性的生成与发展的理解可以看出，人性的发展是阶段性的产物，而非固定不变的事物，人性的认知对于理解人与人、人与社会的关系，以及推动社会的发展具有重要的意义。将人性简单的假设，不仅局限了人性的意义，同时从现实生活的角度而言，是对于道德形象完整生命的不尊重，是对道德形象的工具化使用。

因而，人性应当包含人的社会性与主体能动性双重内容，现代道德虚构关于人性假设的维度也应该关注这一特点，从而使得道德虚构与社会相关、与人的生活相关，与主体的自由相关。

---

① 潘天强．马克思人性观的现代解读 [J]. 马克思主义与现实 ,2004.03.

② 马克思恩格斯全集・第 30 卷 [M]. 北京：人民出版社 ,1995.479.

③ 杨涯人．马克思哲学中的人性范畴及关于人的本质的论断 [J]. 哲学研究 ,2012.10.

三、诠释：道德虚构的现代路向

英国著名的伦理学家汉普歇尔（Stuart Hampshire）认为："道德与冲突是不可分离的：包括各种不同却令人羡慕的生活方式之间的冲突；各种不同却均能获得辩护的道德理想之间的冲突；各种义务之间的冲突；以及各种根本性的、然而却又是互不相容的利益之间的冲突。"[①]汉普歇尔的意思是说，社会人中的利益关系是道德发生的社会基础，道德在起着调节矛盾作用的同时，其自身随着社会的发展和道德意义的变化也在持续的更新。因而，这就要求道德教育和道德教育者能够不断的化性起伪、与时俱进，剔除其中的糟粕与不足，进而实现道德调节冲突之功能。长期以来，道德虚构受到传统道德教育中消极价值和其他原因的影响，造成了道德虚构本来意义的遮蔽，去蔽道德虚构中的消极意义，重构道德虚构的现代性意义，既是其自身道德教育功能的现代需要，同时也是研究者难以推卸的责任。

（一）道德虚构中控制之维消解

道德虚构体现着道德权力意志的控制特性，其控制主要体现为硬控制和软控制。硬控制主要指采用不可置疑面貌出现的道德形象，并通过制度化的奖惩来维护道德目标形象；软控制主要指道德形象顾及普通民众的道德要求，关注到普通人们的道德生活。福柯认为：一切统治，归根结底是语言的统治。话语实际上是统治的根本，语言和话语本身即权力。道德虚构作为道德教育话语之一，对于个体道德理性和道德反思，乃至道德批判能力的获得与养成都会产生巨大的影响。因而，去除道德虚构中的控制、独白，"自我"的缺失等消极意义具有现实的积极作用。

1. 规训的消解：道德虚构的现代性转向

中国古代统治阶级维护自己上层建筑和意识形态工具，不是法度也非宗教，而是道德。因此，很多人认为古代中国的政治制度是德政，道德在其中起到了非常重要的作用，并可从其严密的道德教育体系、道德虚构的层次性特征予以反映。

---

① Stuart Hampshire. Morality and conflict, Mass Cambridge: Harvard University Press 1983.

其道德虚构的特征是规训与服从，道德典范通常都是以一种或者同种道德价值自居，“把超逾个体的某种更高的价值内化为个体自身的感性生命，以自己的感性生命把某种真实价值的显现担当起来,成为某种真实价值的象征符号。”[①] 他们体现的是权力道德意志和符合宗法等级需要的价值规范，其特征是消解个体的理性反思和自律而造成被动的受体。

罗兰·巴特所说道：“发出话语，这并非像人们强调的那样是去交流，而是使人屈服。”[②] 道德教育的目标是培养为人、具有理性思维的人，而非某种价值理念的奴才和工具。规训的过度，其结果只能是造就“既驯服又能干的肉体”（福柯）。道德虚构中塑造出的诸多以天下为己任，以他人幸福为自己幸福的高大全形象，其根本价值所指同封建社会的道德虚构相同，在塑造出道德形象的同时，也塑造出了众多的政治和权力的卫道士，“前者在充当被规训者的同时又凭借其获得的教化权力而成为伦常教化的阐释者、规训者，而后者更多地作为被规训者以生命的抑制来成就惨淡的贞节牌坊。”[③] 客观上促进了权力意志与道德教育的融合,为规训作为道德教育手段提供了“合理合法”的保障。

现实道德虚构的遭遇已经为其境遇敲响了警钟，其构建方法基础受到了前所未有的挑战。诸如“道德必须由我们自己修养，以我们自己的良知为标准。”等等的疾呼不绝于耳，道德虚构应当消解其规训维度，减少以道德高位与道德优越姿态的教化方式，将理想的甚至脱离道德典范实际状况的形象，强加于道德教育之中，“作为在场、不在场的威权他者，而渗入几乎是每个社会成员的日常道德生活之中，成为围绕个体生命之中的伦理网结，甚至成为平民个体日常生活不可或缺的行为依据。”[④] 作为现代人而言,我们难以摆脱的一项历史使命是关切什么的发展、自身的美好生活，作为道德典范也应当体现这样的现代取向，道德虚构应该体现20 世纪普遍被提出的“自尊自重之精神、担当责任之观念、独立自营之能力、判断是非之智识”这样的基本道德理性与道德品质，树立道德典范在道德行为中的理性选择与自主判断，甚至是犯错的真人形象，进而消解其规训的无意识弊端。

---

① 刘小枫 . 拯救与逍遥 [M]. 上海 : 上海三联书店 ,2001.

② ［法］罗兰·巴特 . 符号学原理 [M]. 李幼蒸译 . 北京 : 三联书店 ,1988.5.

③ 刘铁芳 . 从规训到引导——试论传统道德教化过程的现代性转向 [J]. 湖南师范大学教育科学学报 , 2003.06.

④ 刘铁芳 . 从规训到引导——试论传统道德教化过程的现代性转向 [J]. 湖南师范大学教育科学学报 , 2003.06.

2. 从独白到对话：道德虚构的现代性转向

所谓独白，是指道德虚构下的道德典范体现着以接受灌输和服从威权性为基本特征的合理性，体现了道德典范对于既定伦理目标和权力意志下的道德价值取向的无条件接受，从而失去了行为主体真实的声音；恩格斯说：权威，是指把别人的意志强加我们；另一方面，权威又是以服从为前提的。"'我'的丧失使得对话无法深入，触不到个体生命存在的真实脉络，也难有切己性的伦理'思想'的生长生成。"① 道德虚构的独白性质体现的是个体自由与理性的丧失，因而，在这样的道德教育影响之下，学习者很容易被塑造成听话即正确的角色，个体道德行为的发生乃是基于他律作用的影响，而非基于道德理性的道德释放。

道德虚构的独白意味着道德价值的一元独尊，教育方法的统一性、结论性，作为受教育者来说，其自身对于教育者和权力意志而言乃是被改造、被控制或者被规训下"无我"的"他"，而权力意志却以在场不在场的"重要他人"的角色以真理或者正确的样态，或显或隐地支配着个体的道德行为发生，进而造成个体生命在独白性教化中走向失语。

然而，马克斯·韦伯指出"我们的时代，是一个理性化、理知化，尤其是将世界之迷魅加以祛除的时代；我们这个时代的宿命，便是一切终极而崇高的价值，已自社会生活隐没，或者遁入神秘生活的一个超越世界，或者流如个人之间直接关系上的一种博爱。"② 消除道德虚构中的独白性特点，对于道德教育中个体理性、理智乃至自由的培养都具有重要的影响，同时，对话性道德教育特征所追求的是一种以平等、倾听以及沟通为一体的符合道德的道德实践，体现的是个体德性在现代性境遇中应该呈现出的基本道德形态。

3. 道德虚构中"自我"的回归与在场

前文分析到，在道德虚构的过程中往往会出现道德行为主体缺失自我的状况，由此呈现的道德教育过程中道德模范行为主体缺乏道德理性，行为主体仅是被动的服从甚至是外界的强迫，因而，道德模范的树立需要道德"自我"的回归与在场。

弗洛伊德认为自我、本我和超我共同组成了人的人格，本我泛指人的非人格化的生物性需求，是人出生之始便具有的本能，因而，他认为本我中一切永远都

---

① 刘铁芳 . 从独白到对话——传统道德教化的现代性转向 [J]. 北京大学教育评论 ,2004.01.

② 刘小枫 . 现代性社会理论绪论 [M]. 上海 : 上海三联书店 ,1998.222.223.

是动物性的无意识。自我（Ego）则是个体意识到他人世界，而对本我进行主动的约束和规制层面。法国思想家蒙恬曾指出：认识自我是世界上最重要的问题。笛卡尔则把“自我”的本质当作思想和精神的心理意识活动作为属性。休谟认为“自我是一束知觉”。① 康德认为，自我是一种先验的存在，是理性的、思辨的哲学运用，所谓理性实践便是自我理性的自律，个体只有通过自我的主体内化立法才能发生理性自由，进而产生道德。德国哲学家黑格尔认为，“自我是自我本身与一个对方相对立，并且统摄着对方，这对方在自我看来同样只是它自身。”② 自我本身和对方实则是个体内心的主客体，通过其间的交互作用进而实现个体的发展。

伊拉斯谟认为教育是个体形成高尚的道德品质和智慧的惟一方式，教育应当回到以人为中心，才能揭去“使人的双眼模糊的雾霾”，培养个体的道德智慧。“真正好的教育就是把人从自然的朦胧状态中解放出来发现他自己的人性的过程。教育的启蒙意味着把人性从蒙昧状态中解放出来，使他在自由的德性生活中走上发展之路。”③

道德虚构中自我在场的必要。自我的在场意味着主体的道德自由，意味着主体的道德理性可以自由的表达，而非受限的选择（诸如政治、威权等其他话语权力的控制之下）。康德认为：“人之为人，人之高于动物，唯一充分体现于他的自由的道德实践。”④ 真正的道德行为和道德生活应该是自己支配自己的过程，是自觉自愿，而无威权压迫的过程。道德生活中的自我通常应该表现出四个特点：即理性判断、自由选择、自愿实践和自觉承担责任。“意志自由是按照自己的意志利用必然性来改变偶然性从而选择实现某种可能性的活动。”⑤ 道德虚构下道德典范的行为是否符合这样的特点与期望，其关键的基础在于道德行为发生之时主体自我的在场。

西方哲学将自由作为人区别于物的重要区别，是个体意识到自我主宰、且自我存在高于自在存在的依据，更将其作为理性和道德存在的先天必需的预设，因而，西方哲学中的自由意味着人作为个体在道德上优于其他物种的区别。而在中

---

① ［德］休谟著 . 人性论 [M]. 关文运译 . 北京 : 商务印书馆 ,1980.282.283.

② ［德］黑格尔著 . 精神现象学上卷 [M]. 贺麟 , 王玖兴译 . 北京 : 商务印书馆 ,1979.64.

③ 金生鈜 . 德性与教化——从苏格拉底到尼采 : 西方道德教育哲学思想研究 [M]. 长沙 : 湖南大学出版社 ,2003.136.

④ ［德］康德著 . 实践理性批判 [M]. 关文运译 . 桂林 : 广西师范大学出版社 ,2002.

⑤ 王海明 . 新伦理学 [M]. 北京 : 商务印书馆 ,2001.413.

国传统哲学和道德思想中，自由同样是个体德性和修养达到至善境界的必须，如果说儒家带有强烈的政治色彩，而老子对于自由和道德之间的论述则更符合现代意义的理性自由与自觉。老子讲道：

> “上德不德，是以有德；下德不失德，是以无德。上德无为，而无以为也；下德为之，而有以为。上仁为之，而无以为也。上义为之，而有以为也。上礼为之，而莫之应也，则攘臂而扔之。故失道而后德，失德而后仁，失仁而后义，失义而后礼。夫礼者，忠信之泊也，而乱之首也。”①

老子所谓的自由之境，是个体和自然之道融合之后达到的一种和谐状态。虽然说这种观念的倾向是将自由作为道德的结果，而非道德发生的前提，却同样体现了主体自由的重要。包尔生认为：“人们通过对自己道德的思考都会达到的第一个伟大和基本的真理——善良的人活得好，而邪恶的人活得糟。”② 道德的思考既需要主体自由，同时也离不开个体的理性。戴维斯认为：“道德教育的努力方向应该是，提供在某种环境条件下做出决策的经验，在这种环境条件下，朝向道德成熟的正常发展或许会发生，同时，也许会得到促进。”③ 传统和现实的道德虚构可能会发生道德行为，然而，失去理性和自由自觉的道德行为或许只是假象，而非主体道德意志的必然。因而，道德虚构下的道德典范自我的回归，对于改变现实中道德行为的无我状况，以及提高其道德教育功能中对于学习者道德理性的影响具有非常重要的作用。

（二）道德虚构回归生活，弘扬当代价值理念

道德虚构回归生活，是现代政治教育和道德教育的需要。首先，抛弃“高大全”的道德虚构思路，道德虚构回归生活，能够更好地发挥其引导人们积极“向善”的作用；其次，随着现代政治文明的发展和国家政治文明的改革，我们的政治教育也有了长足的进步和发展，因此现代的道德虚构应该回归生活，并且能够

---

① 老子 . 梁海明译注 [M]. 太原 : 山西古籍出版社 ,2001.69.70.

② [德] 包尔生著 . 伦理学体系 [M]. 廖申白译 . 北京 : 中国社会科学出版社 ,1988.341.

③ [美] 霍尔 · 戴维斯著 . 道德教育的理论与实践 [M]. 陆有铨 , 魏贤超译 . 杭州 : 浙江教育出版社 , 2003.136.

弘扬代表现代文明的文化与政治价值理念。

1. 认识道德虚构政治教育的有限性，提高人们的现代政治素质

笔者认为，厘清道德虚构中政治义务和道德义务的关系，不但对于道德教育本身有着非常重要的作用，同时也有助于提高思想道德教育的实效性，增强人们的政治素质和政治素养。

道德的发展是一个复杂的过程，与政治有着重重叠叠的关系，“人类道德的进步，一方面是由生产力和生产关系的进步所决定的；另一方面，还表现为道德主体对站在自己的阶级立场所认识到的最高道德价值目标的执着追求，即对道德上的‘应当’的追求，而这种追求，是道德文化传统形成的内在动因。”[①] 在许多时候，道德的价值目标与政治的价值目标很难予以严格的区分，然而，二者在教育中却体现出不同的属性，一般来说，政治性质的教育要求学习者义务的接受，而道德教育则不同。因而，分辨道德虚构中的魅影，对于重构道德虚构的功能价值，式微道德虚构对于政治教育的作用有着重要的影响。

(1) 政治导向对于道德教育的引导价值

在社会主义社会，政治导向对于部分道德教育的价值方向具有引导的作用，从一定意义上来说，某个阶段的政治导向决定了此阶段内道德教育应当关注的问题域。

①以‘三个倡导’引领高校德育发展的价值取向

“教育发展的价值取向是调和教育发展过程中各种矛盾关系的基本准则。学校教育的根本使命在于培养人才、传承文化和服务社会，三者的和谐发展是学校教育发展过程中的核心问题。德育同样如此，德育的价值取向是调和德育主客体间矛盾的基本原则，深入领会社会主义核心价值观中‘三个倡导’的内在联系，对于明确高校德育深化发展的价值取向，协调高校德育发展过程的矛盾关系具有积极意义。一是坚持‘以人为本’，凸显学生作为高校德育价值主体的地位。就‘三个倡导’的内在关系而言，国家发展、民族复兴和社会进步都离不开人的发展，归根结底也是为了人的发展。从根本上来讲，国家的富强、民主、文明、和谐与社会的自由、平等、公正、法治，既有赖于个体道德素质的不断提升，同时又以促进人的自由和全面发展为主要目标。据此，高校德育在价值取向上应坚持‘以

---

① 竹立家 . 道德发展的文化制约性研究——关于道德文化学的几个理论问题 [J]. 道德与文明，1989.05.

人为本’，本着基于学生、通过学生、为了学生的基本思路，依据学生认知发展和情感发展规律，着力于促进个体道德意识的觉醒，确立个体道德发展的主体地位，使学生在日常的学习与生活中，积极主动地践行‘三个倡导’中关于个体道德准则的要求，使其成为促进个体发展的不竭动力。二是领会‘三个倡导’的层次性目标体系的思维价值。理论学界普遍认同‘三个倡导’是富有层次性的有机整体：‘富强、民主、文明、和谐是国家层次的核心价值观，自由、平等、公正、法治是社会层面的核心价值观，爱国、敬业、诚信、友善则是个人层次的核心价值观。’三个层面的逻辑关系相互贯通，实现了国家、集体和个人在价值总目标上的统一，也体现了不同层面、不同主体间的价值追求。从动态发展来看，大学生的道德发展要先后经过自发阶段、自觉阶段和自由阶段；从静态生成来看，大学生的道德发展则要经历从低到高的三个水平，即依从水平、认同水平和信奉水平。‘三个倡导’的层次性思维理念符合个体认知和道德发展从具体到抽象、从基本规范到高尚道德境界的一般规律。作为高校德育来讲，其整体逻辑设计也应当具备这样的层次性特点。在德育目标的确立上，既要引领大学生从基础道德向高尚道德发展的方向，又要完成大学生道德发展从个人道德到社会道德的衔接。在德育内容的选择上既应有最基础的规范训练的内容，同时又必须包括对社会的道德与对自然的道德这两大范畴，以及对理想道德境界的追求。”[①]

②以‘三个倡导‘引领高校德育内容的组织实施

“学校教育内容是学校对学生实施教育影响的主要承载，是学校教育价值取向和教育目标得以实现的中介。以‘三个倡导’引领学校德育内容的组织实施，就是要使其核心思想渗透在不同形式的德育内容及其实施过程中。一是德育内容的选择与组织。当前社会的价值多元与社会思潮的相互激荡已经是不争的事实，大学生在思想认识上的个性差异也在日渐增强，高校德育需要面对并整合这些多样化的社会思潮，调适来自不同阶层家庭、不同认知水平的大学生的道德发展需求。‘三个倡导’之所以能够起到引领社会思潮，团结和凝聚不同阶层、不同认识水平的人们的作用，就在于它具备开放和包容的特点。因此，高校德育在内容选择和组织上应该依据学生认知与情感发展的基本规律，以社会主义核心价值观为主线，整体规划大学四年德育课程内容，体现显性与隐性并重、课程与活动互补的特点，

① 赵国栋．以三个倡导引领高校德育深化发展 [N]. 光明日报 (理论版),2013 年 08 月 17 日．

不仅要重视各科课程和教材中蕴含的德育资源的建设与挖掘，更要沟通学科与生活，使德育内容与学生的实际生活相联系，切实保障高校德育的实效性。”①

“二是德育途径和德育方法的选择。‘三个倡导’囊括了影响个体社会主义核心价值观形成的宏观、中观和微观要素，形成了从微观逐渐升华到宏观，宏观引领微观的渐进式培育途径思维，对于高校德育在德育内容的实施途径与实施方法选择上有着重要的概括作用。因此在德育内容的实施途径上，要重视家庭、学校和社会多种途径的有效整合，积极发挥学校教育在三者整合中的承启作用。家庭教育是道德教育的起点，对个体价值认同、情感认同具有不可替代的作用，是学校教育的基础与前提；社会教育是个体道德发展的重要组成，是学校教育的强化与补充。这就要求高校德育在德育的实施过程中，积极沟通、融合、联系家庭与社会，致力于调节家庭、学校、社会对大学生施加的不同道德影响，并且尽可能调适、发展三者的合力作用。在德育内容的实施方法上，要重视社会实践活动的开展，注重德育方法的民主、开放。社会实践活动是大学生认识社会、了解社会、服务社会的初期体验，也是体验道德、感悟生命的重要途径。充分发挥高校已有的社会实践活动经验，鼓励大学生以个人和社团的方式开展形式丰富的社会活动，使其在实践过程中，切实感受道德的生命力与重要性。注重改变传统以单向性、植入式、说教型的灌输方法，以民主的、可相互理解的、对话性的德育方法，让学生在生命沟通、生命相遇和生命感应的实践过程中，自觉内化、提高其道德认识和道德水平。”②

“理论把道德分成两种：一种是私人生活中的道德；一种是政治生活中的道德。在私人生活中，人们应该遵守正义；但在政治生活中，人们则可以不顾一切，为所欲为。”③可以看出，阶段性的政治导向是社会主义道德教育的重要任务，因为我们没有采取西方的以政治化倾向的权力、义务规定为基本保障的规范体系，而是选择适合自己的道路。

（2）政治道德与道德虚构的不同属性

政治道德和道德虚构具有不同的属性，并且显现出互悖的特点，政治教育的

① 赵国栋 . 以三个倡导引领高校德育深化发展 [N]. 光明日报 (理论版),2013 年 08 月 17 日 .

② 同上 .

③ ［法］路易斯·博洛尔著 . 政治的罪恶 [M]. 蒋庆，王天成，李柏光，刘曙光译 . 北京：改革出版社，1999.5.

本质是命令式的政治服从与政治义务，无需个体的反思性习得，强调义务性与责任性质。而道德虚构则具有不同的属性特点，不属于道德义务范畴，需要建立在行为主体道德情感的认同基础之上，才能发挥其道德教育功能。

①政治道德的义务属性

“政治道德是为了实现和维护一定的政治理想与政治秩序，在政治实践中形成的有关政治活动的合理、适宜的系列价值观念、行为规范与从政者道德品质的总和。”[①]政治道德并没有排斥其内在的功利性和目的论,其典型特征是只从行为主体即践行者的角度去思考自身应当履行的义务，而其权力追求和对于社会进步等责任则是被告知，即无需证明的自在。

“作为一个交叉性的实践领域和理论领域，政治伦理的主题对象是人类政治 而非道德，政治伦理研究首先是针对人类政治生活中的特殊道德问题的，而不是针对人类生活中的普遍道德伦理问题。因此，政治伦理的基本特性和特征首先且主要是由人类政治生活的特性和特征所决定的。”[②]政治的目标是维护政治和权力的稳定性和合法性，而非实现某种道德的目的，因而，政治中所涉及的道德常常也会有阶段性的特征出现。

②道德虚构之道德教育的双重属性

道德教育具有双重属性。在西方，道德教育的承载方式是公民教育以及宗教，公民教育起到规范公民在公共领域必须遵守的基本道德规范作用，而宗教起着帮助有需要的个体寄托和获得更高的道德精神生活。在我们的道德教育体系中，由于我们没有放弃相信“美德的可教”，因而，我们没有形成西方那样的道德教育模式，而是寄希望于道德虚构，期望通过道德虚构来完成道德教育的任务。因此，道德虚构既要实现公共领域基本道德规范的教育，也要实现个体更高层次道德精神生活需要。所以说，道德虚构需要兼顾公共领域和私人领域的道德需要。

③政治道德只服务于公共领域

“在现代社会，政治是极其严肃的事业，政治生活是普遍需要和满足的生活，以公共利益为根基的政治生活必然是现代人最为可能和最值得追求的生活方式。只有这样，他们才能从狭隘的私人生活中走出来，不断培养自己的公共生活习性，

---

① 杨松 . 论政治道德与政治的道德化 [J]. 暨南学报 (哲学社会科学),1997.02.

② 万俊人 . 政治伦理及其两个基本向度 [J]. 伦理学研究 ,2005(1).

不断提高自身的精神境界和整个民族的群体性政治素养。”① 政治生活是现代社会的现代人所不断追求的公共性事务，而一种现代的政治生活成为可能，则是民主和平等的最主要议题。

汉娜·阿伦特认为：人有三种最基本的社会活动，即劳动、工作和行动，其中，行动个体生活在世界他人中的群体性条件。“政治领域直接产生于共同的行动，即‘言行的共享’。这样，行动就不仅与我们共有世界的公共部分有着最密切的关系，而且还是一种构建这一公共领域的活动政治道德只是服务于公共领域范畴的活动。”②

“政治道德应该定位于公共领域或者政治公共领域，其含义有两层意思，其一是指政治道德内生于政治公共领域，其二是指政治道德只服务于政治公共领域。前者是关于政治道德的起源的，后者是关于政治道德的作用范围的。”③ 政治道德的适用范围通常仅局限于公共领域，因为，如果政治道德的意义泛化到整个人类的社会生活领域，包括公共和私人两个方面，就必定会出现道德政治化的恶果，造成整个社会生活的片面政治化，阶级对立甚至阶级剥削的再度滋生。

（3）政治道德化语境下的道德虚构意义的部分遮蔽

在中国，道德教育和道德虚构产生以来，权力意志始终没有放弃其控制道德教化的意图。在历史上中，主流意识形态通过对“历史”“现实”“未来”的政治道德化意义设计以及强化，虚构形成了趋于“乌托邦”式的极端化道德理想，并且作为后人孜孜以求的道德目标。渐渐地，不是道德教育宣扬的价值历年被权力所认可，而是权力假借道德教育之手宣扬了自己为政之价值观念，而道德教育自身的正当性和合理性逻辑被束之高阁、置之脑后，进而造成道德教育本身的正当性和善沉淀为集体的无意识状态，形成了理性的盲区。因此，我们看到的状况是，即使很多时候政治道德化思维在强烈的干预着道德虚构的价值层面，而人们对于这一现象的正当性反思却不多见。

“政治道德的重要功能就是调节人们的政治关系。掌握权力的阶级在运用政治法律等强制性手段去维持其统治之外，总要通过一系列道德要求去规范人们的行为，通过社会舆论去影响、‘教化’或疏导，从而使人们不但在政治上、法律上服

---

① 杨泽章 . 现代政治的本质与意义 [J]. 读书 ,2014.03.

② ［美］汉娜·阿伦特 . 人的条件 [M]. 竺乾威等译 . 上海 : 上海人民出版社 ,1999.198.

③ 彭定光 . 论政治道德的定位 [J]. 伦理学研究 ,2007.05.

从领导，而且在道义上支持他们以达到稳定社会秩序、巩固政治局势、保证实现政治意图的目的。”① 现实道德教育虽然一直在尝试与努力，消解其中诸如文化一统化和言说体制化等道德教育形式上的弊端，然而对于形式之外的内容却关注甚少，特别是政治道德化语境中对于道德行为主体的无意识遮蔽，因而始终难以消除曾经出现过的如道德政治化和政治的道德化等类似的，有违德育价值取向的负效应。

马克思认为：“作为确定的人，现实的人，你就有规定，就有使命，就有任务，至于你是否意识到这一点，那都是无所谓的。”② 马克思的原意并非专指个体对于政治的义务，然而，经过一些人为的演绎，此话却成为马克思拥护个体对于政治的绝对义务的佐证。我们通过历史可以发现，只要是政治所赞成或者趋同的，现实常常是无条件、无意识的服从甚至是疯狂的崇拜，比如：“在建国后相当长的一段历史中，‘人民’获得了无可置疑的神圣性。对人民的讴歌和对新中国的讴歌一样成为那个时代最响亮的声音。此时的农民，早已不再是那个处于在知识分子之下，需要启蒙、需要教育的对象。他们的现实身份明显高于了知识分子。”③

因此，通过理解和分析道德虚构中政治语境意义的目的和价值取向，才能消解其中的负面效应。

2. 道德虚构应联系生活，回归意义

20 世纪 50 年代，黄永厚先生有一幅以“白马非马”为题的《瞻前顾后》画作，深刻的讽刺了不切实际、盲目的行为。一项决策的实施，不但应该有严密的前期研究，还需要严密的跟踪研究，进而将可能发生的问题拘于可控范围之内。那么，作为一种思想甚至是国家的道德教育导向而言，是否也需要这样严密的论证呢，答案是肯定的。过去的道德虚构的状况及其遭遇已经验证了这一点。因而，道德虚构贴近个体的现实生活，顾及大众的真实生活需要和实践的可能，成为关注、指导和引领受教育者理性生活的重要帮助，是道德虚构未来发展的必要改变。

作为一个现代性的社会人而言，他不仅期望自己“是一种物质性的存在，同时还应该是一种政治性和社会性的存在，是一种精神和历史的存在，他有一个物

① 杨松．论政治道德与政治的道德化 [J]. 暨南学报 (哲学社会科学),1997.02.

② 中共中央马克思恩格斯列宁斯大林著作编译局．马克思恩格斯全集第 3 卷 [M]. 北京 : 人民出版社 ,2008.309.

③ 张军．被遮蔽的“现代性”[D]. 桂林 : 广西民族大学 ,2006.32.

质的我、一个社会的我、一个精神文化的我以及相应的感情和冲动。”[①] 这便是个体的现实生活，可见，个体的生活是复杂而丰富的立体世界，而非过去道德虚构下的单向度状态。鲁洁先生指出：“各种各样的生活活动共同构成了人的生活世界。”[②] 道德内在于生活，而又源于生活。道德并非个体生活的终极目标，道德的目标在于提升和充实个体的现实生活，“脱离生活的道德和品德必将导致道德和品德的抽象化、客体化，脱离了生活去培养人的品德，也必将使这种培养因为失去了生活的依托和生活的确证而流于虚空、形式、无效。”[③] 颠倒了道德与生活之间的逻辑关系，实质是对于道德功能的夸大，过度夸大了精神生活对普通人的塑造性，我们讲过道德的生活，指的是建立在一定物质生活基础之上的，主体自由意志自觉地道德选择的生活。梁漱溟指出：“有些人认为道德是格外的事情，仿佛就在日常生活之外，很高远的，而其实道德只是在寻常日用中，能够使生命和谐、生命有精彩，生活充实有力而已。道德虽然有时候可以发挥为不平常的事，然而就是不平常的事，也还是平常人心里有的道德。道德并不以新奇为贵，故曰‘庸言庸行’。”[④] 道德对于人们来说，是实实在在的生活感悟，道德远离了生活，则失去了其本来的意义。

现在有一种观点，认为完全从生活当中建构纯粹的、高位的道德是比较困难的事情，真正的道德应该通过理性建构。完全从生活角度出发的道德只能是规则、一种规矩。所以应该有两种构建道德的方法，一种是从生活当中建构的一种规则，二是从理性的视角建构一种纯粹的道德。杜威认为：“一切能有效的发展参与社会生活能力的教育，都是道德的教育。这种教育塑造一种性格，不但能从事社会所必须的特定的行为，而且对生长所必须的继续不断的重新适应感到兴趣，对于从生活的一切接触中学习感到兴趣，就是道德的兴趣。”[⑤] 在梳理这些对后世影响极大的作品和思想的时候，不难发现，人们最终选择和接纳的往往是那种与普通个体发展、生活息息相关的内容，而远离生活、脱离现实，甚至是打着道德的旗号而行不道德之事，最终也不过短暂的喧闹而已。

---

① 王泽应．论道德与生活的关系及道德生活的本质特征 [J]. 伦理学研究 ,2007.06.

② 鲁洁．生活·道德·道德教育 , 载于道德教育评论 2012——生活德育论的反思与展望 [M]. 北京：教育科学出版社 ,2013.57.

③ 王泽应．论道德与生活的关系及道德生活的本质特征 [J]. 伦理学研究 ,2007.06.

④ 梁漱溟．对道德的三种误解．教育参考 [J].2010.06.

⑤ ［美］约翰·杜威著．民主主义与教育 [M]. 王承绪译．北京：人民教育出版社 ,2007.379

因而，在道德教育中，我们应该深刻反思道德虚构的应为与限度，反省在历史和现实之中所发生的问题，产生困境的原因，积极探寻与现代道德教育、现代价值理念之间的可为空间，并且回归生活，回归其本来的意义。

第五章　寻找道德典范建构的新时代逻辑

道德典范建构一直是重要的道德教育研究领域，但到目前为止，这一领域的理论研究仍处在基础的阶段，其重心仍在道德典范的价值、具体道德典范人物及其道德事实的挖掘与阐释上，贯通的思考更具有感性认识的特征，对道德典范建构的历史逻辑和知识形态缺乏关注。然而，从道德知识的视野来看，只有以立足于道德典范建构的当时代逻辑为目的，才真正走向了道德教育研究。所谓新时代逻辑，是指寻找一事物从萌芽、生长及其发展到今天，在其内部除了发挥恒定作用、使得事物固守的内在逻辑原理基础上，应该坚守和彰显的新的本质认识。借助知识形态的道德虚构变革为视角，可以发现道德典范建构的历史变化，呈现出“超验知识→情感知识→事实知识”的内容逻辑变化。寻找道德典范建构的新时代逻辑，道德教育研究除了已有的作为，还需要从对道德典范认识事件考证出发，遵循术—理—道的方法逻辑，坚持真善美的宗旨，对道德教育的思想谱系进行梳理。

之所以要寻找道德典范建构的逻辑，的确与曾经有过对道德典范的形成和发展的好奇有关，更直接的原因则是“道德虚构”这一研究领域对笔者的吸引。无疑这也是一个艰深而有价值的领域，以致到目前为止，伦理学界同仁们仍然在道德实在论和非认知主义的矛盾上纠缠，而德育研究者们也缺乏形成共识理论和心悦诚服的实践。因此，笔者更加坚信，道德及道德教育与知识的关系问题，是道德教育的元理论问题。[①] 道德虚构作为知识化的温和理解更具有现实的意义。

① 孙彩平 . 知识 · 道德 · 生活——道德教育的知识论基础 [J]. 教育研究与实验 ,2012.03.17-21.

一、道德权威的认识论危机

道德权威经历了宇宙学、神学的论证为，强化人们的道德信念提供客观的、绝对的根据。到了现代，社会秩序的危机实质上是人生存方式的危机，因而带来了道德权威的人本学论证热潮。“道德的权威性根源于人的生存的社会本性，同时又依托于人的信仰而在精神生活领域中获得主观的表达。因此，在不同的民族文化体系中，在社会发展的不同历史阶段上，对于道德的权威性有着不同的文化诠释和历史解答。这些诠释和解答最终都是为强化人们的道德信念，为确立客观的、非个人的道德准则探寻或提供具有终极性、确定性、客观性和统摄性的根据。”① 公共权威的价值性得到了伦理学界的共识，研究者们提出一个重要的假设：即传统权威价值的问题，实质上是权威的价值构建模式的不适，传统权威价值得以实现的土壤的变化必然是无法修复与改变，寻找现代价值共识是权威的价值构建转型的一条道路。

严格说来，道德权威与道德典范并非等同的概念，道德权威定义了什么样的行为是道德的，既有纲领性引导——道德是什么，也有实践的指导——合道德行动的标准。而道德典范除了道德权威的意义之外，他更以具身化的道德实体为基本，体现的是美德与实践智慧共同合力的活生生的形象，也可以称之为可以知觉的道德知识载体。近代以来，道德危机是道德权威的危机，② 怀疑主义的挑战能够代表这一认识的基本立场，即外在身份权威的消解和道德言说权威的消弭。前者将道德权威与以宗法、等级等传统身份权力中相剥离，理性主义视角的人得到了解放，不再受神的意志、权力的意志甚至是自然的意志固囿，后者因道德权威的话语确证被质疑，道德权威合理性来源无法得到传统理解思维的解释，作为自我自律的道德行为者的道德言辞难以得到人们的信服。由此产生了一个根源性的问题：道德信念如何产生，以及其他人为什么应该听从他（她）的意见。

权威的意义在现代性的张力中不断消解，不可知论者虽然声称认识论问题不涉及经验生活世界，拒斥感性经验于外，正如爱因斯坦说自己是不可知论者，而

① 阎孟伟 . 道德权威性 : 历史界说与现代困惑 [J]. 湖北大学学报 (哲学社会科学版),2018.03.16-22.

② ［美］ A. 麦金泰尔 . 德性之后 [M]. 龚群，戴扬毅等译 . 北京 : 中国社会科学出版社 ,1995.9.

非无神论者。但是，这种悬置之法低估了哲学和科学对于人类现代生活的冲击，哲学和科学范畴能够留下似是而非的争议，相同的思维途径却会带来现实生活的混乱。福柯在《性经验史》自嘲道：虽然我们一直忍受着维多利亚时代矜持、缄默和虚伪的生活规范，但是我们又何尝不是另一类维多利亚时代的人，一方面我们抵制和消解着权威的意义，但是从另外一面抵制和消解本身似乎又成了新的权威。

理性主义并不能彻底解决道德权威的危机，经验论和唯理论都无法解决道德来源的根源性问题。哈曼（Gilbert Harman）和阿姆斯特朗（Walter Sinnott-Armstrong）都在为道德怀疑主义辩护，主张确证的道德知识才有价值。事实上，如果将启蒙看作人之理性拒斥权威的过程，除了人们熟知的启蒙运动，马丁·路德（Martin Luther）倡导的宗教改革，王阳明的知行合一心学理念的建立，同样都是拒斥和打破已有权威认识，重新注入当时代理性理解并重塑新的权威话语的活动。但是，启蒙运动的思想告诉人们，人应该信赖自己的自由能力、信任自己的理性能力，具有足够能力引导自己建立正确的伦理规范；他既不需要教会给予启示，也不需要权威的引导启迪，帮助人们辨别善恶。如此一来，旧的权威认识已被打破，而新的权威话语的缺失，人的理性能力却难以达到预想的高度，结果导致了人对自主精神和理性能力与日俱增的怀疑，道德上的混乱变得越来越突出。而同时失去了权威性领导和理性的指引，结果只能走向了相对主义的立场。① 传统道德权威思维依赖于道德知识内含的秩序，如杜威指出："贵族政治不仅强调数目，更强调卓越的智慧、高尚的美德，使具有这种优秀品质的少数人能够领导没有这种品质的大众。"② 个体民主个性的尊重和张扬无情的抵制着传统道德权威思维，人们不再从属于他人（物），而是从生活世界的需要整合和道德知识。

由此，以律法为主要特征的规范伦理占据了主导，规范伦理基本上解决了人类现代生活中人行为的规范性规则，然而说到底，人与其他类属的本质区别在于人有精神性生活——信仰，人需要让自己变得更好、生活过得更幸福。从主体性意识到主体性原则是现代性的基本立场，现代性思维导致万物一体的世界观的终结，古代社会中观念与生活的统一性和整体性完全消失，籍此道德哲学失去了普遍性的真正基础，人与自然、非我、社会等统统发生了分裂；人的生活发生了分裂：私人空间和公共空间的泾渭逐渐深刻；人的能力发生了分裂：信仰与知识不

---

① ［美］埃·弗洛姆 . 为自己的人 [M]. 孙依依译 . 北京 : 生活 · 读书 · 新知三联书店 ,1988.26.

② ［美］约翰 · 杜威 . 道德教育原理 [M]. 王承绪译 . 杭州 : 浙江教育出版社 ,2003.236.

再具有自然秩序的生生不息关联。“休谟在《道德原理研究》中明确地认为，道德判断一般来说是情感和理性相互合作的产物”，[①]也就是说人们的道德判断是基于对道德知识的情感以及理性接受后的行为，二者互为关联和作用，当这一必然的秩序被破坏，道德的根基也就不复存在。

从认识论的角度来看，如果存在客观的道德性质，那么按照惯常的思维，认识它无非通过物理的方式推论其属类、特征等内容，以便我们洞悉和掌控它的逻辑，道德教育也因此变得简单，我们只需要遵守一定的方式方法按部就班地学习即可。休漠试图从非道德判断推导道德判断的真实面目，可惜的是，作为被塑造的人类，即使如自然性质，亦是人类主观世界中的自然，非道德判断之路无法走通。相反，如果我们把道德性质看作是不同生活方式的变化所形成的道德准则，也就是放弃对于道德本体的追问，共认价值或者实践道德知识作为道德判断与评价的依据，道德规范性的源泉才能理所应当。基于以上的思考，我们应当承认道德的最重要特征在于道德的规范力量，无论是规范性道德还是超越性道德，说到底，他都是对于人的规范，都是人类理性在传统和实践中的创造物在世界中的投射，道德价值的实在性，必然需要寄生在某种实体之上，而道德是人之法，道德权威由此而产生。

在此，我们应该毫不掩饰地为道德权威正名，因为任何人在本我掌控主体性之前离不开他者的引导。道德权威是我们在与世界的交互作用中，通过形成道德信念回应道德性质与自然性质的关联的实体，道德权威的重要意义在于告诫世人存在正确的道德知识以及应该持有的道德信念。我们从道德的历史看到，权威的意义并不局限于生活世界的引导者，人们无意识走向了权威的不断完善之路上。

二、道德典范知识的历史

知识是表征人类认识结果的一个符号，由不同领域的知识拼接而成的集合，而是一个由表及里，由符号、结构、意义交织组成的立体结构。道德不是知识的一个类别，而是知识的一个内在深层结构；不是只有道德知识才与道德相关，而

① David Hume.Enquiries Concerning Human Understanding and Concerning the Principles of Morals[M]. ed.L.A.Selby-Bigge.Oxford: Clarendon Press,1970.172-173.

是所有的真的知识都具有道德与价值意义这一内在结构，对人的行为具有指导与规范的作用。

如果我们承认人是一种历史性的存在，人的文化生活和精神生活中蕴含着历史意识与经验，道德发展的轨迹必然会出现某种逻辑性的线索。道德典范建构在其漫长的历史变化中，我们实际上能够清晰地把握到它背后的逻辑，即道德内容的逻辑变化和道德教化的方法逻辑，它以人文主义的特征呈现在人类文明的不断演化之中，而能够具体呈现其逻辑的载体则是不断累积与发展的道德知识，道德知识在历史的反作用力和既有张力之中不断的撕裂、修复。道德权威形象的具身化即道德典范，具身化的过程即是道德虚构，知识形态的道德虚构逐渐从权力、欲望的趋势走向了人们纯粹的精神生活，甚至脱离了主体的个人历史谱写的具体经验情境，走向了公共性空间。道德虚构的本质规定性是一个知识论命题，道德虚构经过了从超验知识→情感知识→事实知识的变革。需要说明的是:“超验知识→情感知识→事实知识”的顺序并非基于时间先后排列，也非重要性先后的排列，即它们无法按照某种非此即彼的方式进行剥离；相反，我们在从三者各自独立的知识中能看到其他一种或者两种知识的并存。按照这样顺序排列的本意是试图进一步阐明不同知识的独特价值，以便我们更为理性的看待历史中的道德典范建构。

（一）超验道德知识的出场

超验道德知识不可避免的导向对神灵的崇拜，正如罗马斯多葛学派哲学家爱比克泰德说:“要相信敬神的本质在于对神形成正确的意见，认为神灵是存在着，并且是公正地、很好地管理着宇宙。”[①] 他进而认为，神既是宇宙的根据，也是至善的根据:“神是有益的，善也是有益的。那么，似乎神的本质在哪里，善的本质也就在哪里了。那么神的本质是什么呢？——肉体？决不是。土地？名誉？决不是。智慧？知识？健全的理性？当然是的。那么，在这里找到善的本质就没有什么困难了。”[②] 基督教神学在精神生活中占据了统治地位，理性即神性，道德知识即神性知识。道德权威性的神学论证就在于把“神”或“上帝”视为道德的终极根据，认为只有通过信仰神或才能真正获得道德的力量。作为世间的人之所以必须遵守道德，是因为道德是来自不可知领域如神等的绝对命令。它决定了人的往世、现

① 北京大学哲学系外国哲学史教研室 . 古希腊罗马哲学 [M]. 北京 : 商务印书馆 ,1961.440

② 北京大学哲学系外国哲学史教研室 . 西方哲学原著选读 : 上卷 [M]. 北京 : 商务印书馆 ,1981.192.

世和来世，决定了何种的生活才是属于人的最高的幸福。

超验道德知识最初形态是模糊的，也许知识的创造者根本没有意识到会与道德产生关系，或者至少我们应当承认，超验道德知识的起源与道德并无逻辑的关系，在尼采看来，超验道德甚至是源于不道德的经验。在此，我们并不打算讨论超验道德知识的价值问题，而是分析它对道德秩序的维护作用。尤瓦尔·赫拉利形象的描述到：在人类早期的大规模合作中，追随者的多寡决定了合作力量的强弱，完全与生活实际相同的目的指向难以获得多数人的信任，那些不确定的抽象符合更有号召的能量，超越生活实际的知识信息的定义依赖于真实与虚构之间的微妙平衡，如先祖的召唤、来自生存资料匮乏的紧迫需求、自然的威慑和无知的困囿是虚构得以产生和发展的根本原因。

超验知识是有意识创造规则的思维，为人类注入了合作的原始基因，即使放在人类最初的蒙昧状态，依然存在这一特征。超验道德知识不单指的是宗教知识，而是指超越了个体、群体中大部分人的经验和认知的内容。其成立需要回答三个问题：即是否具有一种神圣的道德领域；神圣的道德知识是否应当；应当的道德知识如何接受，这三个问题形成了基本的逻辑闭环，进而实现经验理性无法回答的，通过移情、共情和实践等方式理解道德事件的缺陷，或者说通过这样的方式呈现出特殊的道德事实。我们理解超验道德知识可以借助超越性道德的现代表象，如果将其放在人类尚且远离文明的历史维度之中，或许我们更能体会其面貌。超越性道德来自超验道德知识的成立，或者说超越性道德知识本身存在超验道德知识的成分，虽然，我们对超越性道德有了意义上的认识，但是时代和文明的变迁，更多人只能把握它基本的概念，而对于具体行为的解释则永远存在滞后性问题，概念与时空上的距离难以协调。

超验道德知识的基本特征是无实体的虚构，当然，其创造者与簇拥者通常不承认这样的事实，正如我们在表达他人迷信的时候，我们对于自己深信不疑的东西绝不认为是迷信一样。其存在于传递依赖于群体共同的信念，其信念也许是基于道德，也可能是基于生存、权力等外在的因素。近代以后，受到逻辑实证主义和科学主义的影响，超越性知识受到了十足的怀疑，自然化、科学化、可规范化的道德知识受到热捧，主张抛弃非经验性的、非认知的道德知识。

（二）情感道德知识的支撑

从某种意义上来说，所有的道德都是基于情感的知识，但不是所有的道德知识都是情感道德知识。不同于康德所言之人对于道德法则的敬重情感，即人作为主体性一方对道德知识的认同。情感道德知识指的是在道德知识有意识的选择中，选取的那些经过改造、目的性选择，能够与人产生情感共鸣的道德知识，人作为被动接受者而出现。简而言之，情感道德知识希望通过情感的策略获得道德与知识的联系。休漠提出：道德直觉是情感的活动，道德的本性在于它是可被感知的，与人特定存在的内心情趣相关。那么，如果暂且搁置其原初目的的善恶，情感道德知识是对于人特有的情感活动的利用。

情感道德知识具有一定的独立性，因为并不是所有的道德知识都能获得人们情感上的接受。虽然，我们常常看到这样的论断：无论是德性知识还是规范性知识，都是人在情感上对于某些知识的接受或者因为接受知识所带来的意义的认同，但是我们稍微反思，如此的论断难以立足。因为，情感道德知识是基于情感的经验性基础，这与我们通常认可的知情意行并不相同。

情感道德知识对于特定道德的传播具有积极的意义。如果从人类生存发展史的角度来看，人类的道德与生存条件、物质基础紧密联系，如果从今人的视角反观历史的道德知识，多数道德内容难以经得住推敲，但是，它却现实性的存在了。其原因在于，今天的人们可以推开历史的层层遮蔽观察其本质。当遮蔽足够威严、理性无以立足，情感也是界定道德的工具。直至今日，人类的感性生命和情感认同并未随着文明而退化，情感仍然是道德判断或者道德认识的一种基本要素。因此，我们应该能够清晰地感受到，由情感认同带动人主动性与积极性的巨大力量。"道德主体只有在情感上认同道德原则，把道德理性固化为道德情感，道德才能真正驻入道德主体的内心，道德才能真正成为主体的道德。"[①] 情感道德知识通过对主体的感性施加影响，并不会代替道德理性的根本地位，从一定层面，来说，情感道德知识中暗含着这样的逻辑：知识的产生是道德推理后的选择结果。从情感主义（emotionalism）的角度来说，人性善恶的辩驳并非只是为规范性道德正名，如果人性善恶能断，那么，作为道德的设计就会变得简单。一个粗浅的理解应当

① 杨宗元．略论道德情感在道德推理中的作用 [J]. 伦理学研究 ,2018.06.43-47.

是，如果人性是向善的，那么，只需要设置一种或多种道德的目标，人潜在的内因就会促使其朝向目标努力，整个社会也就变得简单。俗语说人非圣贤，孰能无过，情感道德知识在今天依然广泛存在，也许从理性思辨的视角来看是荒谬的，然而，如果有能力进行充分的理性思辨，荒谬与否也许并不重要。

（三）事实道德知识的普遍性

道德知识与生命的关系是后天发生的，17 世纪后是科学的时代，理性和科学证成的东西是唯一真实的，道德知识是否客观、是否能被证实成了基础问题。事实道德知识伴随着规范性道德的兴起而逐渐成为主流，或者说可普遍化的可观道德实践促使了事实道德知识的发展。事实知识逐渐被关注，昭示了超验知识从中心地位走向了边缘，这其间既有科学技术发展对认知领域的不懈拓宽，也有个人社会地位提高、个人意识觉醒之后公共领域交往发生了本质性的变化，人从确定的伦理关系中变成偶然性的存在，传统的那种确切的道德知识不再适用于现代多元化的社会，基于理性事实的理性知识成为道德与否的真实信念。

事实道德知识并不讨论关于事实的真理问题，而是伦理的实体性之精神维系思考。我们在讨论超验道德知识和情感道德知识的时候，并没有纠结超验的荒谬和情感的真假，同样，事实道德知识的基本立场同样如此，即它只表达事实的真实性，而无关事实的真理性。斯宾塞一针见血指出：思维的必然性就是道德的必然性，道德与思维的关系难以分割，或者说道德认识难以超越思维的局限。事实道德知识并不局限于道德行为事实。道德社会学研究中，将道德规范系统和特定的道德系统作为判断道德事实的基本条件，抛弃了个体思维和主动性的合理性觉解，而关注人社会秩序中的分子价值。道德行为事实只能解释基础规范性道德知识的来龙去脉，但是在超越性道德或者基于主体性觉解的个人道德层面则显得力不从心。因而，事实道德知识实际是由价值立场认同后的道德行为所产生的完整的内容。事实道德知识的虚构几乎丧失了超验道德知识所依赖的方法和内容，赋予道德实体以道德理解是道德虚构的基本目的。

事实道德知识的本质是评价者视角，关注道德判断的合理性解释。超验道德知识和情感道德知识中的评价者参与较为缺乏，阐明的是道德的标准。亚当·斯密和休漠对美德认识作了同一种论断：评价的最佳视角是旁观者的视角，而不是深思熟虑者的视角。[①]事实上，评价者的视角也是道德行为人的视角，也就是个体道德实践的评价。比如亚当·斯密认为美德置于实际效用是重要的，美德应当是对自己和他人皆为有益的品质。事实道德知识的兴衰依赖于它自我的效用，作为评价者视角而言，评价者针对自身经验的观察和反思，所产生的赞同或者否定都源自它的效用。同时，传统与现代关于事实道德知识存在较大的异同，囿于信息渠道的宽窄和交往的局限性，传统事实道德知识的地域性特征和地方伦理性特征更为明显；而现代事实道德知识超越了地域甚至国家的界限，更多的依赖理性、平等、自由等公认的价值观念。

三、道德典范建构的新时代逻辑

寻找道德典范建构的新时代逻辑的一个重要原因，是道德虚构这一领域对我的吸引。说得更为具体一些，一方面，道德虚构作为温和而理性的道德视角，能够让我们整体把握道德典范的历史和现实，从知识形态的道德虚构历史线索能更清晰地看到新时代道德典范建构应当关注和注意的内容；另一方面，已有的道德典范建构研究缺乏系统的、深入的理论分析，无法满足人们这方面的需求。从静态的角度而言，道德教育的价值及其意义一目了然，然而，从前文阐释的历史逻辑来看，道德知识具有动态发展的特征。因此，我们在遭遇到现代社会的道德失范境况面前，除却分析道德失范现象的内在特征和外在影响，更应当深入分析道德知识的价值所指和根本内涵是否与时代精神相统一，进而寻找道德教育的可为之处。我们始终应该承认，道德知识是一种反思性的知识，[②]这其中既有人类的历时性价值筛选，也有生命往复之下人应该如何生活的知识总结和定义，它的基本目的是告诉人们什么是好人和如何成为好人。寻找道德典范建构的新时代逻辑，道德教育研究除了已有的作为，还需要从对道德典范知识事件考证出发，遵循术—理—道的方法逻辑，坚持真善美的宗旨，对道德教育的思想谱系进行梳理。

---

① ［美］茱莉亚·德莱弗．斯密与道德事实 [J]. 湖北大学学报 (哲学社会科学版),2017.01.12-18.

② 徐向东．道德知识与伦理客观性 [J]. 云南大学学报 (社会科学版),2013.01.13-25.

（一）术—理—道的方法逻辑

1. 术的总结

如果从道德典范的文献进行考察，对道德虚构之术的描述几乎空白，并没有此方面的系统研究。即使像《二十四孝》《孝经》等经典作品，我们也只能能看到孝、德的示范文本，感性具体的人和与他们的道德行为构成了道德典范，这也是最早的道德典范建构之术。所谓术的总结，实际上更多的存在于未被文字化的道德教育实践过程之中。今日我们能够看到的文本记录，基本上都是作为政治和宗法话语权力的代言人，将自己道德认识和做法总结记述下来，我们能够看到最早的道德典范之术形态。在当下，云计算、物联网、移动互联网，正作为一种让人"不明所以"的道德形态过程正在形成，[①]技术实现了复杂性思维的可操作化，能够把认知方式和价值方式结构性的表达出来，我们可以运用这些工具，作为术的总结，综合分析不同道德典范建构实践中的问题、优势，将个人或单位的工作实践经验，提升到具体的术的层面。

2. 理的系统

如果说道德典范建构之术是历史局部的、个人的，缺乏普遍性的方法，甚至存在仁者见仁、智者见智的互斥性，那么，相对于道德典范建构之术的总结，理的系统就是道德典范建构之术的理性依据。康德在《论教育学》中，方法的建议充满了理性的系统论特征，比如他说："道德培养必须以准则而非规训为基础。后者是为了防止越轨行为，前者则是对思维方式加以塑造。在此人们必须让儿童习惯按照准则来行动，而不是被某种欲望所驱动。通过规训所造成的只是一种习惯，而且会随着年龄的增长而消失。儿童应该学会依照准则行动，并认识到这些行动本身的正当性。"[②]在此，并不是为了阐明康德的道德教育观点，而是说理性语言的逻辑性主张意味着思维的理性，我们看到的不再是术的总结中具体的人和事的形象化经验思维，而是通过演绎逻辑的思考提供了效果的理性依据。因而，所谓理的系统，需要研究者们基于经验思维理性检验后的方法论，也就是从具体的经验总结到经验逻辑的提升。

① 田海平."不明所以"的人类道德进步——大数据认知旨趣从"知识域"向"道德域"拓展之可能[J].社会科学战线,2016.09.1-8.

② [德]伊曼努尔·康德.论教育学[M].赵鹏,何兆武译.上海:上海世纪出版集团,2005.35.

3. 道的追求

今天有德育体系建构情怀的研究者们通常都会认为“德育是什么”是道德教育的首要问题，然而，在涂尔干、杜威等教育家在建构自己的道德教育理论学说时，并没有这样的考虑。一种合理的猜测是：“德育是什么”在他们那里无须诘问。事实上，当研究者们主动追问这一问题的时候，关于道的追求也就开始了。道德典范建构的道的方法追求并非神秘的内容，实际上指的是在具体现实中凝练而成的，可以作为具体行动、实践依据的道德知识运用的判断。这种积极性的选择能够让所有道德知识的原则、逻辑、目的、意义寻找到充分的依据。就像在传统的道德典范建构之中，传统伦理关系为道德典范提供了充分的依据，德育是什么在传统伦理关系那里不证自明。道的追求是道德典范建构的发展必然，道德典范建构方法实践领域的模糊、竞争和对立如果持续的出现，那其背后一定存在根本性的差异，如果是20世纪之前，媒介传播技术不发达的时代，难以互通的具体实践也许并无交集。但今日之后的媒介技术导致人与人之间的交互越来越不可避免，常识性的理解都迫切需要差异的消解。道的追求是道德典范建构理论成熟的标志，需要研究者基于对道德教育核心本质进行基本且是核心的判断，作为术和理的本质论出发点，进而建构自己的道德教育理论。

（二）“真善美”的宗旨逻辑

根据前文对知识形态道德虚构的梳理，认识到了不同知识形态的基本取向，我们从中发现了权力和欲望的出发点。然而，如果说道德教育是人文性的社会实践，是一种真实的教育，道德典范建构的终极目的同样是教育，因此，至少从现代文明的视角，它应当代表着人的最前沿的道德知识理解、最智慧的道德行为实践、符合“真善美”的宗旨逻辑。

1. 道德知识之真

今天，人们对于道德典范建构的诟病，很大程度上源于对过去道德事件造假、道德知识绑架等问题的厌恶。按照今人的理解，虚构的反义词是纪实，涉及事实文本的逻辑理性判断；而虚假则与真实相对，涉及事件文本真伪判断。可见，在道德事实叙述中，虚构和虚假的混同是逻辑性的谬误。“教育的起源具有情感特征，它是以积极的价值倾向和生命关怀意识的出场为标志的。”①道德典范自身的知识品质应当经得住推敲和检验。随着人们反思能力的逐渐增加，道德反思的水平不仅局限于关注道德典范具体实践的后果，而是依托于潜在模仿者经验基础和认识背景，他们开始在意道德知识的准确性、推理的逻辑性和行为的正确性，事实上成为道德典范的检验者。“由于道德结构在现代性中已经发生了变化，而且它仍处于变化的过程中，所以，答案就必须被有意识地定位在已经发生的结构转型的现代世界中：必须将它确定在这一世界中，其中，道德结构是围绕着普遍化、多元化和个体化而日益形成的”②。道德知识之真，意味着道德知识需要基于人的生活经验基础，需要依托事实道德知识的客观性、真实性、理解性等特征。

2. 道德目的之善

道德的目的之善包括对本我和他人的善，我们在超验道德知识、情感道德知识和传统事实道德知识之中看到了太多的不善之目的，无论对于道德典范本我还是被遗弃的他人。但是，按照今人的理解，人是具有自由意志和自我意识的统一体，拒斥自由意志和自我意识之外的其他目的，是实现道德目的之善的一个基础，理智是人之德性的一种具体表现形式，因而道德行为实质上是理智化的实践。情感与人性紧密相连，假使以科学的方法对道德典范目的作出情感的要素分析，我们发现很难找到人性、人文的结合，但是，作为意念性的道德情感会实实在在地发生在人的身上。典范建构显然不是自然的行为，而是基于道德意志的有意识行为，其本质是人对他人道德理解进行控制的意图体现，当然，控制的积极目的是为了教育目的的功能实现，在这一过程中，建构者的操作逻辑既预先存在，也会隐含在道德知识之中。因此，道德目的之善应当是建构者思维逻辑的出发点，作为建构者的思维逻辑，既希望实现教育的目的，同时也要关照到接受者的心理反映。

3. 道德整体之美

道德典范应当能引起人美的体验，是一种符号情感，现实情感与符号情感具有不同的特性。现实情感与人的现实自我发生事实性关联，比如说，人在看电影、听故事时候的情感发生，共情的发生都有具体人的情感经验、情感结构甚至当时的心态有直接的关联，因此，现实情感是直观的与实在世界的联系。如果将道德

① 刘庆昌 . 教育是一种情感实践 [J]. 河南师范大学学报 (哲学社会科学版),2017.04.143-151.

② [匈牙利] 赫勒 . 一般伦理学 [M]. 孔明安，马新晶译 . 哈尔滨：黑龙江人民出版社 ,2015.11.

典范作为符号的情感，当我们运用感官去品位，也许我们会当做事实来看待，但是无论如何他不是此在的事实，也就是说，他与现实情感是不同的。虽然，无论哪个时代，建构者都在声称道德典范是真实的存在物，但是，超越人感官的事物如果希望得到信任，物化的可能性越大，现实性则越强。库诺发现，情感的发生依赖于事实，社会生活决定情感和思维的本质。[①]在道德教育中具有移情性的道德知觉、道德推理，事实上有与道德情感无法分离。所谓道德整体之美的逻辑，是基于人的道德认同的需要，以人对道德整体产生的道德情感作为维系双方发生理解与交互的可能性。因此，道德整体之美的宗旨，既是道德典范建构的最高要求，更是道德教育发生的理想境界。

四、社会主义核心价值观语境下道德虚构的实践路径

社会主义核心价值观为我们绘制了一幅区别于西方价值观的，代表中华民族文化自信和主体意识觉醒的社会主义道德愿景。鲜明地指出了在当今各国都面临着“全球共同利益”召唤的时代背景下，中华民族应以什么样的精神面貌屹立于世界之林。明确了当代中国人应当具有怎样的“德”这一立世之本，对构建社会主义语境下的国民道德精神世界具有重大的引领意义。然而，正如马克思所言：任何一种真正意义上的解放都必须要使人与世界以及与他人的关系回归到具体的人本身。社会主义核心价值观是集多种先进理念的高度概括。我们要在深刻领会其重要内核的基础上将其具身化与实践化，这也是我们的道德教育必须要真正客观面对的现实问题。

道德虚构既非虚假、也非捏造等代表贬义的词汇，而是为了让人们接纳道德话语的重要意义、在社会中宣传和推行美德，通过将抽象的道德理念形象化、具体化的方式来塑造美德实践范本的方法论。中国传统美德的历史传承经验证明，道德虚构具备将道德理念具身化与实践化的方法论功能。我们应当利用道德虚构的这一特点，发挥其理论价值和实践价值，并将其作为社会主义核心价值观语境建设和德育改革的重要任务，对于现阶段我国的德育工作意义深远。

---

① ［德］享利希·库诺．马克思的历史、社会和国家学说：马克思的社会学的基本要点 [M]. 袁志英译．上海：上海译文出版社 ,2014.14.

（一）道德虚构是道德概念得以教育实践的必然途径

道德本身是非实体存在的，意味着我们无法从可知的物态空间内，寻找出如真、善、美这样的道德本体物质。人们认识到某种道德，只有在先知先觉的引导下或者权威的引领中，通过形象化、具体化的榜样，才能具体把握它的精神实质。道德虚构是道德理论难以回避的选择，中西方对于道德虚构有着同样的价值认同。

习近平总书记指出："我们不是历史虚无主义者，也不是文化虚无主义者，不能数典忘祖、妄自菲薄。"社会主义道德同以往任何时代的道德具有本质的不同，它代表着人民的、普遍的共同利益，它是对于传统道德的扬弃。比如，在不同历史时期，道德所指的内容也多有不同，我们强调弘扬中华优秀传统美德，而非弘扬所有的中国古代道德。我们扬弃的并非道德本身，而是某个时代道德所蕴含的某种价值观。舍弃那些代表封建的、专制的腐朽价值，保留代表现代的、科学的中国优秀文化，注入代表社会主义道德精神的先进理解，这是我国社会主义道德教育实质化和普遍化的有效途径。再通过道德虚构的方式，塑造出代表社会主义道德本质内涵的榜样和典范，才能实现引导人们理解和践行社会主义道德的目标。因此，方法自身并无对错，道德虚构设计者和使用者代表着何种价值理念，则塑造的美德范本就会具有怎样的价值特点。

（二）以社会主义核心价值观引领道德虚构的价值方向

道德教育承担着双重的功能，既需要维护如规则、义务等处于道德低处的社会规范，也需要引导人们积极向着更崇高的价值高处行进。道德虚构同样如此，道德虚构秉承的价值方向是调和道德虚构方法使用过程中多重关系的基本原则，其根本使命在于传播和弘扬某个时期居主流地位的社会核心价值。深入领会社会主义核心价值观，对于明确道德虚构的价值方向具有积极意义。

第一，社会主义核心价值观是在吸收和借鉴中国优秀传统文化的基础上的发展超越，体现了中国特色社会主义道德价值理念的根本特征。以社会主义核心价值观引领道德虚构的价值方向，既能保证我们在使用道德虚构方法的时候主体价值认识不发生偏离，同时也能保证道德虚构结果能够代表我国社会主义精神的道德特征。

第二，道德虚构是帮助人们德性观念觉醒与升华的重要辅助。我们从中国传统道德的层次特征中可以知道，它根据人的道德觉解程度，将道德要求划分为不同的维度，并且依托道德虚构实现了不同层次道德的人格化，满足了不同人或者人在不同道德发展阶段的需要。因而，深入领会社会主义核心价值观的本质内涵，结合个体道德发展的特点，科学把握个体认知和道德发展从具体到抽象、从基本规范到高尚道德境界的一般规律。我们应当不断地发掘道德虚构内在的道德教育潜能，适时的矫正其存在的问题，进而尽可能地发挥其引领人们去发现美德、追寻美德、拥有美德的功能。在道德虚构目标确立上，既能引领个体从遵纪守法的基础道德向社会主义崇高道德发展可能，又能引领个体从个人私德到社会公德的衔接。

（三）以社会主义核心价值观指导道德虚构的组织实践

社会道德语境建设的基本方法是通过道德权威对道德规范的实践和对道德理想的不懈追求所形成的活动，道德虚构选择对象和内容，是其道德教育价值取向和道德教育目标得以实现的中介。檀传宝教授认为：真正的德育，应当面向生活、走进儿童的生活实际。对儿童的实践理性进行反思，进而探寻一种与他人关系的新的平衡，寻求儿童与他人关系的合理性就成了提高儿童实践理性所面临的时代性问题，也表明了实践理性在新的历史条件下所呈现出的新的变化和趋向。社会主义核心价值观从一种整体视野的角度，从交互主体性的视角去全面把握儿童与他人的关系。以协调、合作、共识作为处理人与他人关系的纽带。对于还不成熟的儿童来说，核心价值观对于提高他们的理性实践能力，与他人的和谐共处中起导向作用，为儿童未来发展提供了一种明确的价值目标。以社会主义核心价值观指导道德虚构的组织实践，就是要让其核心思想渗透在不同形式的道德虚构及其实施过程之中。

第一，道德虚构应回归真实社会生活。鲁洁先生指出："各种各样的生活活动共同构成了人的生活世界。"道德对于人们来说，是实实在在的生活感悟，道德远离了生活，则失去了其本来的意义。传统和历史的区别在于，历史是客观的，不随人的主观意志变化，而传统则带有了主观的色彩，是集体性意志和意识的生活状态凝聚，旧传统的不断消弭和新的内容的持续补充，才能适应当时真实社会生活的需要。因而，以社会主义核心价值观指导道德虚构的组织实践，应当贴近个体的现实生活，顾及大众的真实生活需要和道德实践的可能性，成为关注、指导和引领受教育者精神生活的重要帮助。

第二，道德虚构应具有现代性思维，关注社会多元文化。当代的道德困境往往能够从现代性的条件和语境中发现端倪。现代性以新为标准，这里所说的新，是指生活语境不断有不确定性的产生，比如近年来发展迅速的多媒体、自媒体等生活语境的拓展，相对于过去的生活，其新颖和独特在任何时代没有出现过。这样我们便很难用过去的生活经验来判断，未来世界会产生如何的新。放下情感的附加值，只考虑道德虚构之下形象的行为逻辑是否可行，且未来也可行，是社会主义道德建设经得住检验的应然思考。

第三，道德虚构应同时关注关系理性和个体理性的平衡。中国传统文化基于关系理性而构建，关系理性哲学认为道德存在是人的终极存在，人的本质属性中人的道德属性特征极为重要，因而道德崇拜积极存在于中国古代和现代。进入现代之后，个体理性受到广泛推崇，个体理性强调道德选择的前提是个体能够自由的选择道德，反对任何形式的强制和盲从。中国传统道德中存在很多封建统治阶级所制造出的道德楷模，代表着王权和封建专制的利益，这些道德楷模缺乏个体理性在现代失去了道德教育的价值。因而，以社会主义核心价值观指导道德虚构的组织实践，应同时关注关系理性和个体理性的平衡，既能保留中国传统道德的精髓，也能发展个体的道德理性。

参考文献

（一）著作：

[1] 埃米尔·涂尔干 (Emile Durkhem) 著，渠东译．社会分工论 [M]. 北京：生活·读书·新知三联书店，2000.

[2] 爱德华·S. 里德著，李丽译．从灵魂到心理 [M]. 北京：生活·读书·新知三联书店，2001.

[3] 芭芭拉·赫尔曼著．道德判断的实践 [M]. 陈虎平译．北京：东方出版社，2006.

[4] 柏拉图．美诺篇．王晓朝译．柏拉图全集：第 1 卷 [M]. 北京：人民出版社，2002.

[5] 包尔生．伦理学体系 [M]. 北京：中国社会科学出版社，1988.

[6] 包尔生著．廖申白译．伦理学体系 [M]. 北京：中国社会科学出版社，1988.

[7] 抱朴子．

[8] 鲍曼著，张成岗译．后现代伦理学 [M]. 南京：江苏人民出版社，2002.

[9] 伯林著．胡传胜译．自由论 [M]. 北京：译林出版社，2003.

[10] 博尔诺夫著，李其龙译．教育人类学 [M]. 上海：华东师范大学出版社，1999.

[11] 曹卫东．走进公共领域．载于现代的悖论 (1995-2009)《读书》思想评论精粹（下）[M]. 北京：生活·读书·新知三联书店，2012.

[12] 曹卫东．价值的颠覆 [M]. 香港：香港牛津大学出版社，1996.

[13] 查尔斯·狄更斯．双城记 [M]. 北京：人民文学出版社，1993. 夸美纽斯．大教学论 [M]. 傅任敢译．北京：教育科学出版社，1999.

[14] 丹尼尔·贝尔 (DanielBell) 著，赵一凡等译．资本主义文化矛盾 [M]. 北京：生活·读书·新知三联书店，1989.

[15] 道德经．

[16] 弗兰克纳著，关键译．伦理学 [M]. 北京：生活·读书·新知三联书店，1987.

[17] 福柯著．谢强，马月译．知识考古学 [M]. 北京：生活·读书·新知三联书店，1998.

[18] 福柯著，佘碧平译．性经验史 [M]. 上海：上海人民出版社，2000.

[19] 伽达默尔．真理与方法（上）. 洪汉鼎译 [M]. 上海：上海译文出版社，1999

[20] 伽达默尔著，夏镇平，宋建平译．哲学解释学 [M]. 上海：上海译文出版社，1994.

[21] 甘绍平．应用伦理学前沿问题研究 [M]. 南昌：江西人民出版社，2002.

[22] 管子．

[23] 郭金鸿．道德责任论 [M]. 北京：人民出版社，2008.

[24] 哈贝马斯著，童世骏译．在事实与规范之间 [M]. 北京：生活·读书·新知三联书店，2003.

[25] 海德格尔著，熊伟，王庆杰译．形而上学导论 [M]. 北京：商务印书馆，1996.

[26] 海登·怀特著，陈永国，张万娟译．后现代历史叙事学 [M]. 北京：中国社会科学出版社，2003.

[27] 汉纳·阿伦特．人的境况 [M]. 上海：上海世纪出版集团，2009.

[28] 汉娜·阿伦特著．竺乾威等译．人的条件 [M] 上海：上海人民出版社，1999.

[29] 贺麟．文化与人生 [M]. 北京：商务印书馆，1988.

[30] 黑格尔．哲学史讲演录：第四卷 [M]. 北京：商务印书馆，1996.291.

[31] 黑格尔著．贺麟，王玖兴译．精神现象学上卷 [M] 北京：商务印书馆，1979.

[32] 雅斯贝尔斯著．什么是教育 [M]. 邹进译．北京：三联出版社，1991.

[33] 胡守棻．德育原理 [M]. 北京：北京师范大学出版社，1995.

[34] 怀特著，李永宏等译．再论教育目的 [M]. 北京：教育科学出版社，1997.

[35] 霍尔·戴维斯著．陆有铨．魏贤超译．道德教育的理论与实践 [M]. 杭州：浙江教育出版社，2003.

[36] 金马著．情感智慧论 [M]. 北京：北京师范大学出版社，1993.

[37] 金生鈜．德性与教化——从苏格拉底到尼采：西方道德教育哲学思想研究 [M]. 长沙：湖南大学出版社，2003.

[38] 金生鈜著．规训与教化 [M]. 北京：教育科学出版社，2004.

[39] 亚里士多德著，苗力天译．尼各马可伦理学 [M]. 北京：中国社会科学出版

社 ,1999.

[40] 凯文 · 里安 , 卡伦 · 博林著 , 苏静译 . 在学校中培养品德 : 将道德引入生活的实践策略 [M]. 北京 : 教育科学出版社 ,2010.

[41] 亚里士多德 . 颜一 , 秦典华译 . 政治学 [M]. 北京 : 中国人民大学出版社 , 2003.

[42] 康德 . 未来形而上学基础 [M]. 北京 : 商务印书馆 ,1978

[43] 康德著 , 邓晓芒等译 . 实践理性批判 [M]. 北京 : 人民出版社 ,2003.

[44] 休谟著 . 关文运译 . 人性论 [M]. 北京 : 商务印书馆 ,1980.

[45] 康德著 . 关文运译 . 实践理性批判 [M]. 桂林 : 广西师范大学出版社 ,2002.

[46] 康德著 . 苗力田译 . 道德形而上学原理 [M]. 上海 : 上海人民出版社 ,2002.

[47] 席勒著 , 张玉能译 . 审美教育书简 [M]. 南京 : 译林出版社 ,2009.

[48] 克里斯蒂娜 · 科尔斯戈德著 , 杨顺利译 . 规范性的来源 [M]. 上海 : 上海译文出版社 ,2010.

[49] 老子 . 梁海明译注 [M]. 太原 : 山西古籍出版社 ,2001

[50] 李政涛 . 表演 : 解读教育活动的新视角 [M]. 北京 : 教育科学出版社 ,2006.

[51] 利奥 · 施特劳斯著 . 现代性的三次浪潮 [A]. 丁耘译 . 贺照田编 : 西方现代性的曲折与展开 [C]. 长春 : 吉林人民出版社 ,2002.

[52] 梁启超 . 梁启超全集 (第 2 册)[C]. 北京 : 北京出版社 ,1999.

[53] 梁启超 . 新民说 [A] 饮冰室文集 (第 14 册)[M]. 北京 : 中华书局 ,1989.

[54] 梁启超 . 饮冰室合集 [M]. 北京 : 中华书局 ,1936.

[55] 廖小平 . 伦理的代际之维——代际伦理研究 [M]. 北京 : 人民出版社 ,2004.

[56] 列奥 · 施特劳斯 (Le•Strauss) 著 , 彭刚译 . 自然权力与历史 [M]. 北京 : 生活 · 读书 · 新知三联书店 ,2003.

[57] 列奥 · 施特劳斯 , 约瑟夫克罗波西 . 政治哲学史 [M]. 李天然译 . 石家庄 : 河北人民出版社 ,1993.

[58] 列奥 · 施特劳斯 . 写作与迫害的技艺 [A]. 林国荣译 . 西方现代性的曲折与展开 [C]. 长春 : 吉林人民出版社 ,2002.

[59] 列奥 · 施特劳斯 . 重述色诺芬《希耶罗》[A]. 古热维奇罗兹 . 论僭政——色诺芬《希耶罗》义疏 [C]. 何地译 . 北京 : 华夏出版社 ,2006.

[60] 刘小枫 . 现代性社会理论绪论 [M]. 上海 : 上海三联书店 ,1998.

[61] 刘小枫 . 拯救与逍遥 [M]. 上海 : 上海三联书店 ,2001.

[62] 卢家楣著 . 情感教学心理学 [M]. 上海 : 上海教育出版社 , 2000.

[63] 鲁洁 , 王逢贤 . 德育新论 [M]. 南京 : 江苏教育出版社 ,1994.

[64] 鲁洁 . 道德教育的当代论域 [M]. 北京 : 人民出版社 ,2005.

[65] 鲁洁 . 生活 · 道德 · 道德教育 . 载于高德胜主编 . 道德教育评论 2012——生活德育论的反思与展望 [M]. 北京 : 教育科学出版社 ,2013.

[66] 鲁迅 . 二十四孝图 . 载于朝花夕拾 (又名旧事重提)[M]. 西安 : 陕西师范大学出版社 ,2009.

[67] 路易斯 · 博洛尔著 . 蒋庆 , 王天成 , 李柏光 , 刘曙光译 . 政治的罪恶 [M]. 北京 : 改革出版社 ,1999.5.

[68] 论语 .

[69] 罗伯特 · 纳什著 , 李菲译 . 德性的探询 : 关于品德教育的道德对话 [M]. 北京 : 教学科学出版社 ,2007.

[70] 罗尔斯 . 何怀宏 , 何包钢 , 廖申白译 . 正义论 [M]. 北京 : 中国社会科学出版社 ,1988.

[71] 罗国杰 . 传统伦理与现代社会 [M]. 北京 : 中国人民大学出版社 ,2012.

[72] 罗国杰 . 中国伦理学百科全书 · 伦理学原理卷 [M]. 长春 : 吉林人民出版社 .1993.

[73] 罗兰 · 巴特 . 李幼蒸译 . 符号学原理 [M]. 北京 : 生活 · 读书 · 新知三联书店 ,1988.

[74] 马克思 , 恩格斯 . 关于费尔巴哈的提纲 .1988.

[75] 马克思、恩格斯 . 马克思恩格斯全集 : 第 20 卷 [M]. 北京 : 人民出版社 , 1980.

[76] 马歇尔 · 麦克卢汉著 , 周宪法 , 许钧译 . 理解媒介——论人的延伸 [M]. 北京 : 商务印书馆 ,2000.

[77] 迈克尔 · 桑德尔著 , 万俊人等译 . 自由主义与正义的局限 [M]. 南京 : 译林出版社 ,2011.

[78] 麦金太尔著 , 万俊人等译 . 三种对立的道德探究观 [M]. 北京 : 中国社会科学出版社 ,1999.

[79] 麦金泰尔著 , 龚群、戴扬毅译 . 德性之后 [M]. 北京 : 中国社会科学出版社 ,1995.

[80] 孟子 .

[81] 米歇尔 · 福柯著 , 刘北成 , 杨远婴译 . 规训与惩罚 [M]. 北京 : 生活 · 读书 · 新知三联书店 , 2003.

[82] 米歇尔 · 福柯著 , 谢强 , 马月译 . 知识考古学 [M]. 北京 : 生活 · 读书 · 新知三联书店 , 2003.

[83] 米歇尔 · 福柯著 , 佘碧平译 . 性经验史 [M]. 上海 : 上海人民出版社 ,2002.

[84] 苗力田 . 古希腊哲学 [M]. 北京 : 中国人民大学出版社 ,1989.

[85] 莫里茨 · 石里克著 , 孙美堂译 . 伦理学问题 [M]. 北京 : 华夏出版社 ,2001.

[86] 尼采著 . 孙周兴译 . 权力意志 [M]. 北京 : 商务印书馆 ,2013.

[87] 尼采著 . 谢地坤等译 . 论道德的谱系. 善恶之彼岸 [M]. 桂林 : 漓江出版社 ,2000.

[88] 尼古拉 · 哈特曼 . 伦理学第一卷 [M]. 英国昂温兄弟出版有限公司 ,1932.

[89] 尼古拉斯 · 布宁著 . 余纪元译 . 西方哲学英汉对照词典 [M]. 北京 : 人民出版社 ,2011.

[90] 彭怀祖 , 姜朝晖著 . 榜样论 [M]. 北京 : 人民出版社 ,2002.

[91] 让 · 皮亚杰著 . 傅统先 , 陆有铨译 . 儿童的道德判断 [M]. 济南 : 山东教育出版社 ,1984.

[92] 莎迪亚 · 德鲁里 . 张新刚 , 张源译 . 列奥 · 施特劳斯的政治观念 [M]. 北京 : 新星出版社 ,1993.

[93] 上古天真论 . 姚春鹏注 . 黄帝内经 [M]. 北京 : 中华书局 ,2009.

[94] 舍勒 . 资本主义的未来 [M]. 北京 : 生活 · 读书 · 新知三联书店 ,1997.

[95] 沈善洪 , 王凤贤著 . 中伦理思想史 [M]. 北京 : 人民出版社 ,2005.

[96] 史记 · 五帝本纪 .

[97] 叔本华 . 任立 , 孟庆时译 . 伦理学的两个基本问题 [M]. 北京 : 商务印书馆 ,1996.

[98] 斯图亚特 · 雷切尔斯著 , 杨宗元译 . 道德的理由 [M]. 北京 : 中国人民大学出版社 ,2009.

[99] 宋希仁等 . 伦理学大辞典 [M]. 长春 : 吉林人民出版社 ,1989.

[100] 孙彩平 . 道德教育的伦理谱系 [M]. 北京 : 人民出版社 ,2005.

[101] 檀传宝 . 德育美学观 [M]. 北京 : 教育科学出版社 ,2006.

[102] 唐代兴，左益著．先秦思想札记 [M]. 成都：四川出版集团巴蜀书社，2009

[103] 滕大春．外国教育通史第一卷 [M]. 济南：山东教育出版社，1995.10.

[104] 涂尔干．教育与社会学 [A]. 涂尔干．道德教育．沈杰译 [C]. 上海：上海人民出版社，2006.

[105] 托马斯·内格尔著，万以译．人的问题 [M]. 上海：上海译文出版社，2000.

[106] 托马斯·库恩著，金吾伦，胡新和译．科学革命的结构 [M]. 北京：北京大学出版社，2003.

[107] 汪民安．尼采的幽灵——西方后现代语境中的尼采 [M]. 北京：社会科学文献出版社，2001.

[108] 王爱松．虚构的可能性及其限度 [M]. 北京：人民文学出版社，2007.

[109] 王海明．新伦理学 [M]. 北京：商务印书馆，2001.

[110] 王正平．中国传统道德论微探 [M]. 上海：上海三联书店，2004.

[111] 威廉·哈维 (William Harvey) 著，凌大好译．心血运动论 [M]. 西安：陕西人民出版社，2001.

[112] 魏久尧．道德与虚无——真与美的形而上学 [M]. 北京：商务印书馆，2011.

（二）期刊

[1]BoBo· 鲍尔仁赫著．傅国强编译．道德调节的特征、界限和可能性 [J]. 道德与文明，1989.05. 编译自 :[苏联]《哲学问题》，1987.09.

[2]Ho·洛克．当代的哲学、伦理学和人的技术活动 [J]. 哲学译丛，1985.2.

[3] 白明亮，姚敏．幽暗意识与榜样教育——一种道德教育的反思 [J]. 南京师范大学学报 (社会科学版),2004.02.

[4] 蔡辰梅，刘刚 ." 教师是一种良心活 "——对教师职业认同方式的分析与反思 [J]. 教师教育研究 .2010(01) .

[5] 陈真．艾耶尔的情感主义与非认知主义 [J]. 江苏社会科学，2009.6.

[6] 邓安庆．中国本土的道德经验 [J]. 伦理学研究，2008.05.

[7] 杜时忠．人为什么要有道德 [J]. 中小学德育，2013.06.

[8] 樊浩．"'德'——'道'理型"与形而上学的中国形态 [J]. 北京大学学报 (哲学社会科学版),2010.02.

[9] 樊浩．"伦"的传统及其"终结"与"后伦理时代"——中国传统道德哲

学和德国古典哲学的对话与互释 [J]. 哲学研究 ,2007.6.

[10] 冯向东 . 对教育学人性假设的追问 [J]. 北大教育评论 ,2012.04.

[11] 高德胜 . 学校德育的范式转换 [J]. 教育研究与实验 ,2004.2.

[12] 高恒天 . 中国传统道德关系的特点 [J]. 伦理学研究 ,2008.01.

[13] 高新民 , 沈学君 . 虚构现象的哲学研究 [J]. 科学技术哲学研究 ,2011.1.

[14] 高新民等 .“存”意义的语言哲学祛魅与探析 [J]. 哲学动态 ,2010.11.

[15] 高新民 , 沈学君 . 虚构现象的哲学研究 [J]. 科学技术哲学研究 ,2011.01.

[16] 龚群 . 论公共领域与公德 [J]. 中国人民大学学报 ,2008.01.

[17] 胡建等 . 道德典范的当代困境及其对策 [J]. 吉首大学学报 (社会科学版), 2013.04.

[18] 黄富峰 . 道德直觉与道德信仰的养成 [J]. 中国教育学刊 ,2006(07).

[19] 蒋一之 . 论道德教育的“自然”起源 [J]. 社会科学战线 ,2012.11.

[20] 蒉益民 . 道德虚构主义 [J]. 社会科学战线 ,2008.8.

[21] 康洁 , 熊和平 . 作为方法论的思想考古学 [J]. 自然辩证法研究 ,2005.10.

[22] 李革新 . 在遮蔽与无蔽之间 -- 海德格尔现象学的一种理解 [J]. 复旦学报 (社会科学版),2003.02.

[23] 李西顺 . 我国德育范式的特征及转型趋势 [J]. 教育发展研究 ,2010.24.

[24] 李希凡 .“历史知识”及其他 [J]. 戏剧报 ,1962.06.

[25] 梁漱溟 . 对道德的三种误解 . 教育参考 [J].2010(6):48.

[26] 廖申白 . 论公民伦理——兼谈梁启超的“公德”、“私德”问题 [J]. 中国人民大学学报 ,2005.03.

[27] 林少敏 . 价值多元论及其悖论——对自由主义理论前提的一种检讨 [J]. 哲学研究 ,2008.09.

[28] 刘铁芳 . 在理想与虚无之间 : 当前道德教化价值目标问题的困境与超越 [J]. 国家教育行政学院学报 ,2005.06.

[29] 罗国杰 . 我们应当怎样对待传统——关于怎样正确对待传统道德的一点思考 [J]. 道德与文明 ,1998.1.

[30] 吕丽艳 . 人性 · 道德 · 超越——兼论德育的可能与目的 [J]. 南京师范大学学报 (社会科学版),2009.06.

[31] 潘希武 . 道德教育的现代性 : 西方的境遇与中国的问题 [J]. 教育学术月

刊 ,2010.7.

[32] 孙彩平 . 道德阈限与道德教育的禁忌 [J]. 南京师范大学学报 (社会科学版),2002.06.

[33] 刘云林 . 道德的结构、层次与当代中国道德建设 [J]. 探索 ,2005.06.

[34] 龙兴海 . 论道德智慧 [J]. 湖南师范大学社会科学学报 ,1994.04.

[35] 鲁洁 . 超越性的存在——兼析病态适应的教育 [J]. 华东师范大学学报 (教育科学版),2007(04).

[36] 彭怀祖 . 论道德模范和道德苛求的消解——以提升榜样效应为视角 [J]. 伦理学研究 ,2013.02.

[37] 孙彩平 . 身体退隐的道德可能——与高德胜博士商榷 [J]. 教育研究与实验 , 2007.3.

[38] 万俊人 . 论价值一元论语价值多元论 [J]. 哲学研究 ,1990.02.

[39] 王海明 . 论道德榜样 [J]. 贵州社会科学 .

[40] 王强 . 社会道德榜样精神的历史形态 : 从雷锋精神到"最美"精神 [J]. 科学社会主义 ,2013.03.

[41] 田松 . 被功能化的我们 [J]. 读书 ,2006.02.

[42] 童世骏 . 没有"主体间性"就没有"规则"——论哈贝马斯的规则观 [J]. 复旦学报 (社会科学版), 2002(05).

[43] 肖川 . 主体性道德人格教育 : 概念与特征 [J]. 北京师范大学学报 (社科版),1999.

[44] 杨启亮 . 中国传统道德精神与 21 世纪的学校德育 [J]. 教育研究 ,1999.12.

[45] 萧坊 . 不识雷锋 : 传统榜样教育的尴尬 [J]. 师道 ,2007.06.

[46] 熊川武 . 教育感情论 [J]. 教育研究 ,2009(12).

[47] 严从根 , 冯建军 . 潜规则化的道德教育 [J]. 南京社会科学 ,2011(1).

[48] 杨深 . 从道德虚无主义走向道德秩序重建 [J]. 哲学研究 ,1995.05.

[49] 叶飞 . 论道德教育中反道德现象的发生机制 [J]. 高等教育研究 ,2008.08.

[50] 易连云 , 邓达 . 新媒体时代比较教育研究面临的挑战与选择 [J]. 比较教育研究 ,2010(5).

[51] 易连云 . 传统道德教育研究的范式转换 [J]. 教育研究 ,2010(4).

[52] 易连云 . 传统道德中的生命意义解读——论"生命·实践"道德体系的构建 [J]. 教育学报 ,2005(5).

后 记

从2008年读研至今这数年，出身问题一直困扰着我。在读书过程中，学校、老师们一直强调这样的事实，211、985高校毕业的学生，远比我们这些地方院校毕业的学生更有智慧，更容易培养成才。我至今难以忘记在考研复试的时候，有一位老师指着我的本科学校问：这个字念什么啊？ Xi？ Yi？ Jin？其实是忻。当时还是充满了委屈和怨气，现在写到这里，也并非“复仇”，对于我这样懒散却敏感的人，经常性的外界刺激，都当作不带善意的激励。我真正希望的是，教育如何超越在社会中广泛流行的“鄙视链”现象，寻找在教育领域中一些诸如善、恶、良知、情感、智慧等结构化的逻辑，或者说教育学应当有起码的底线认知结构和底线知识体系，学人只要达到了这样的底线，至少是可教育的。它是拒绝反教育甚至教育之丑恶的基本底线，以维护教育基本的善。

我的故乡在平遥，2008年前后，山西与重庆之间只有一趟绿皮慢车，火车票尤其是卧铺票成为紧俏物资，平遥因为是过路小站，放票更可怜，结果就是在重庆读书6年，没有一次买到平遥到重庆的车票。于是，每次到学校，只能买从太原到重庆的票，从平遥跑到太原，再从太原上车（路过平遥）到重庆。记得又一次返校的时候，打电话跟朋友聊天，开玩笑说，古有大禹治水三过家门而不入，我这多少次过家门不入了？难道我的道德有这么高尚吗？

放下电话后，这句玩笑话勾起了我的反思。在目的和行为结果的二者之间，我们怎样做道德判断。如果说“过家门不入”行为是道德品质，那么我的德就可以媲美大禹。显然，在我们的传统道德教育中，目的远比行为结果更重要，比如我们高中学习过的《孟子二章》，所有的坚毅品质都指向了目的——功成名就。当然这极可能是自己或后人为了保持“道德者”道德生命连续性而做的后期加工，就好比我现在做的事情，书已经成稿，却在挖耳挠腮的回忆到底为什么要写这本书。

在一般的理解中，目的虽然意义深远，但行为远比目的来的可靠，目的可知却不确定，行为可知、客观也可靠，便于自我控制还可能得到意外的好处，如人们常说的好心做坏事、无心插柳柳成荫等。甚至可以做出这样的揣测，我们无法从目的和行为之前，推论出真实的逻辑关系。由此倒推回来，似乎行为只是行动上的可控与便利，却很难关涉到价值和意义的层面。因而，作为道德教育来说，目的善无可替代。

2012 年 7 月，应越南顺化大学黎文升博士师兄的邀请，我跟随恩师易连云教授前往越南考察。一个炎热的午后，我们两个在胡志明市某个街角的咖啡馆闲聊，老师问我学位论文题目的准备情况，其时我仍毫无头绪，尴尬的恳请老师给点“现成饭”，老师耐不住我的磨叨，从他神奇的挎包中拿出一叠纸递给了我：你看看这个吧！

一叠纸是一篇论文，张亚月博士写的《道德虚构主义的理论困境与可能前景》。由此，我开始了对道德虚构的学习和研究。

在这之前，我对伦理学的理解比较狭隘，只是作为理解道德教育理论和知识的一种工具，甚至接纳了不少老师强调的一种观点——用哲学，而不要走到哲学之中，因而，并没有深入到伦理学繁杂的逻辑结构和历史之中，现在看来，不仅仅是走了弯路，甚至是走向了歧途。运用解释学的路子进行教育现象分析本身没有问题，但是，解释学的方法依赖解作者深厚的学养和认识，依赖于作者整体的教育观念和整合能力，否则，所谓的现象分析极有可能成为“盲人摸象”，以此形成的研究结构则会走向狭隘和偏执。

从读博士至今，相关的阅读和知识储备以道德虚构为中心展开，虚构主义带我走进了哲学、伦理学等元理论和元问题，对本体论、认识论等方法论有个更准确的理解，随后，则更多的痴迷于美德伦理学与规范伦理学的知识，语言哲学、情感主义、认知主义等领域也都有涉猎，因而，虽然在不断尝试沟通与驾驭这些不同领域的知识，进而更加完善的表达见解，但是本书呈现出的仍可能是不成熟的杂烩。

本书提出的道德虚构概念，接受了虚构主义以及道德虚构主义的主张，即在道德虚无和情感主义中间的第三种策略，虽然道德本体在人类已知的物理空间内无法获得，比如并不能找到善、勇敢、诚实等这些道德概念的实体形态，但是，因为这些概念在人类漫长的历史过程中形成了一些基本的共识，同时对于维护社会的秩序以及传衍人类文化具有积极的意义，因此，我们姑且不从科学主义的角度讨论道德概念的本体论问题，选择接受道德虚构。

道德虚构是嫁接道德概念和道德教育的“脚手架”，当个体以学习者的姿态，完成了道德概念的知、情、意、行过程，“脚手架”便失去了作用。因此，我将道德虚构定义为：为了在公共领域推行美德，接纳道德话语的重要意义，道德权威通过将抽象的道德理念形象化、具体化的方式来塑造美德实践范本的方法。如果说我们愿意承认广义的道德是所有风俗习惯的总和，承认人是一种历史性的存在，那么，随着时代的变化，人的文化生活和精神生活中蕴含着的历史意识与经验，道德发展的轨迹必然会出某种逻辑性的线索，道德虚构也应当随着其逻辑性而变化。

今天，我们在遭遇到现代社会的道德失范境况面前，除却分析道德失范现象的内在特征和外在影响，更应当深入分析道德知识的价值所指和根本内涵是否与时代精神相统一，进而寻找道德教育的可为之处。借助知识形态的道德虚构变革视角，可以发现道德典范建构的历史变化，呈现出“超验知识→情感知识→事实知识”的内容逻辑变化。寻找道德典范建构的新时代逻辑，道德教育研究除了已有的作为，还需要从对道德典范认识事件考证出发，遵循术—理—道的方法逻辑，坚持真善美的宗旨，对道德教育的思想谱系进行梳理。

我自 2008 年开始，跟随恩师易连云先生探索德育的奥妙，十余年来，从中国传统德育资源中汲取知识养分，随着研究的深入，开始关注道德虚构在道德教育中的积极价值，以及美德伦理作为德育基础的价值和实践。

参加本课题研究的有邹太龙博士、毋改霞博士、张曙光博士，以及我自己的研究生武琪和原悦婷。他们做了大量的工作，认真收集和整理研究资料，积极参与课题研讨，并公开发布课题研究论文。

在本书付梓之际，我要感谢恩师易连云教授对劣徒长期的关爱。感谢山西大学教育科学学院领导和同事的大力支持，感谢教育哲学学术共同体无私分享，感谢山西大学德秀公寓一众同事的帮助，感谢我的研究生们的辛勤付出。

赵国栋
2019 年 9 月 25 日
于山西大学·德秀公寓